Jonas Striewski

Einsatz- und Einführungsszenarien für ein Social Business in Industrieunternehmen

GRIN Verlag

Bibliografische Information der Deutschen Nationalbibliothek:

Die Deutsche Bibliothek verzeichnet diese Publikation in der Deutschen National-
bibliografie; detaillierte bibliografische Daten sind im Internet über http://dnb.d-
nb.de/ abrufbar.

Impressum:

Copyright © 2014 GRIN Verlag GmbH
Druck und Bindung: Books on Demand GmbH, Norderstedt Germany
ISBN: 978-3-656-84518-8

Dieses Buch bei GRIN:

http://www.grin.com/de/e-book/284789/einsatz-und-einfuehrungsszenarien-fuer-
ein-social-business-in-industrieunternehmen

GRIN - Your knowledge has value

Der GRIN Verlag publiziert seit 1998 wissenschaftliche Arbeiten von Studenten, Hochschullehrern und anderen Akademikern als eBook und gedrucktes Buch. Die Verlagswebsite www.grin.com ist die ideale Plattform zur Veröffentlichung von Hausarbeiten, Abschlussarbeiten, wissenschaftlichen Aufsätzen, Dissertationen und Fachbüchern.

Besuchen Sie uns im Internet:

http://www.grin.com/

http://www.facebook.com/grincom

http://www.twitter.com/grin_com

Einsatz- und Einführungsszenarien
für ein Social Business in Industrieunternehmen

Bachelor-Thesis

vorgelegt am 7. Juli 2014

an der
Hochschule für Wirtschaft und Recht Berlin
Fachbereich Duales Studium

Verfasser: Jonas Striewski

Bereich: Wirtschaft

Fachrichtung: Wirtschaftsinformatik

Studienjahrgang: 2011

Studienhalbjahr: Sommersemester 2014

Inhaltsverzeichnis

Abkürzungsverzeichnis

AP	-	Arbeitspaket
BITKOM	-	Bundesverband Informationswirtschaft, Telekommunikation und neue Medien
CEO	-	*Chief Executive Officer*
CFO	-	*Chief Financial Officer*
CIO	-	*Chief Information Officer*
CSCW	-	*Computer Supported Cooperative Work*
FAQ	-	*Frequently Asked Questions*
IBM	-	International Business Machines
IM	-	*Instant Messaging*
IuK-Technologie	-	Informations- und Kommunikationstechnologie
KMU	-	kleine und mittlere Unternehmen
KPI	-	*Key Performance Indicator*
NGO	-	*Non-Government-Organisation*
NPO	-	*Non-Profit-Organisation*
PoC	-	*Proof of Concept*
ROI	-	*Return on Investment*
URL	-	Web-Adresse
WWW	-	World Wide Web

Abbildungsverzeichnis

1 Einleitung

Für viele Privatpersonen gehören sie bereits zum Lebensalltag und sind auch nicht mehr aus diesem wegzudenken: *Social Software* hat in der vergangenen Dekade einen bisher unvergleichlichen Siegeszug im privaten Sektor hinter sich und erfreut sich nach wie vor steigender Beliebtheit und Nutzerzahlen.

1.1 Motivation

Vor diesem Hintergrund stellt sich aus Sicht eines jeden Unternehmens die Frage, ob dieser Erfolg nicht auch auf den betrieblichen Einsatz übertragbar ist. *Social Software* für Unternehmen verändert nicht nur die Art und Weise der Kommunikation und Zusammenarbeit innerhalb des Unternehmens, sondern auch zu Lieferanten, Partnern und Kunden grundlegend. Die Einführung und der Betrieb von *Social Software* ist der Anstoß einer unternehmensweiten Transformation hin zu einem Social Business.

Im Rahmen dieser Arbeit wird nicht nur evaluiert, welcher Nutzen aus solch einer Transformation resultieren kann, sondern auch aus relevanten Praxiserfahrungen konkrete Empfehlungen für einzelne Schritte auf dem Weg zum Social Business abgeleitet. Ein besonderer Akzent wird hierbei auf Industrieunternehmen und der damit verbundenen Besonderheiten dieser Branche gelegt.

1.2 Zielsetzungen

In dieser Arbeit werden vier zentrale Zielsetzungen verfolgt:

1. *State-of-the-Art*-Überblick zum Thema Social Business und *Social Software*, inkl. einer Marktübersicht;
2. Erarbeitung eines generischen Einführungskonzeptes, welches branchen-unabhängig auf eine Vielzahl von Unternehmen übertragbar ist;
3. Aufzeigen industriespezifischer Einsatzszenarien als Anwendungsbeispiele für *Social Software*;
4. Vorstellung erfolgsbestimmender Faktoren als Handlungsempfehlung für die Einführung und den Betrieb einer *Social-Software*-Plattform, abgeleitet aus den Herausforderungen in der Praxis.

1.3 Aufbau der Arbeit

Entsprechend der Zielsetzungen (vgl. Kapitel 1.2 Zielsetzungen) gliedert sich diese Arbeit in folgende fünf Hauptteile:

- **Kapitel 2 Grundlagen und Begriffsbestimmungen** dient als Einstieg in das Thema Social Business und zur Schaffung einer terminologischen Basis für kontextrelevante Begrifflichkeiten der Informations- und Kommunikationstechnologie (IuK-Technologie), insbesondere für *Social Software*.

- **Kapitel 3 Funktionen und Nutzen von *Social Software*** stellt besonders geeignete *Social-Software*-Funktionen für den Einsatz in Unternehmen sowie deren Nutzen und mögliche betriebliche Anwendungsbeispiele vor.

- **Kapitel 4 Marktübersicht zu *Social Software*** vergleicht ausgehend von einer umfangreichen Marktanalyse die besten drei Lösungen im Detail.

- **Kapitel 5 Einführungsstrategien für *Social Software*** transponiert zentrale theoretische Grundkonzepte zur Softwareeinführung auf die Einführung von *Social Software* in Unternehmen.

- **Kapitel 6 Einführung von *Social Software* in Industrieunternehmen** stellt im Kern ein detailliertes generisches Einführungskonzept vor, welches auf Unternehmen unterschiedlicher Branchen anwendbar ist und zeigt industriespezifische Einsatzszenarien für *Social Software* auf. Die anschließende Evaluation der Praxiserfahrungen beschäftigt sich mit der Problematik der Quantifizierbarkeit des unternehmerischen Mehrwertes und den generellen Herausforderungen bei der Einführung. Aus den Herausforderungen werden erfolgsbestimmende Faktoren abgeleitet, die als Handlungsempfehlungen formuliert bei Folgeprojekten Berücksichtigung finden können.

Abschließend wird in **Kapitel 7 Schlussbetrachtung** ein kritisches Resümee gezogen und ein Ausblick auf zu erwartende zukünftige Entwicklungen gegeben.

Die folgende Abbildung dokumentiert im Überblick den Aufbau dieser Arbeit:

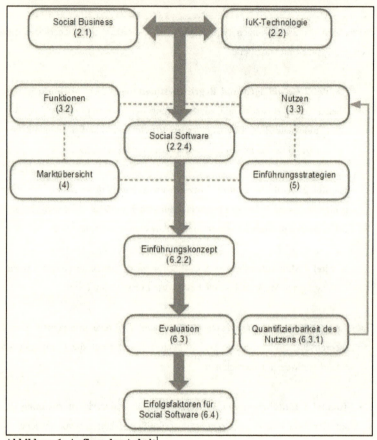

Abbildung 1: Aufbau der Arbeit[1]

---

2 Grundlagen und Begriffsbestimmungen

Die Begriffsbestimmungen von Social Business sind in Wissenschaft und Praxis höchst unterschiedlich. In dieser Arbeit werden zunächst diese unterschiedlichen Bedeutungen dargelegt, um anschließend Social Business ausschließlich im Kontext der Informations- und Kommunikationstechnologie näher zu erläutern.

2.1 Definition von Social Business

Aus volkwirtschaftlicher Perspektive wurde der Begriff Social Business erstmals vom Friedensnobelpreisträger MUHAMMED YUNUS im Jahre 2007 geprägt: Nach ihm bezeichnet der Begriff eine zusätzlich an der Marktwirtschaft partizipierende Organisationsform, dessen Ziel bzw. Selbstzweck es ist, bestimmte gesellschaftliche Ziele zu verfolgen.[2] Aus heutigem Verständnis der unterschiedlichen Marktteilnehmer ist hierunter eine Kombination aus einem traditionellen gewinnmaximierenden Unternehmen und einer *Non-Profit-Organisation* (NPO) zu verstehen: Die erwirtschafteten Gewinne dienen also nicht zur Kapitalakkumulation Einzelner oder von Anteilseignern, sondern der Volkswirtschaft als Ganzes. Im Stile einer NPO wird der Gewinn in solche Projekte reinvestiert, welche die Lösung bestimmter gesellschaftlicher Probleme verfolgen oder sich gesamtgesellschaftlichen Zielen widmen: Social Business „[...] *should make profit* [...] *to support the pursuit of long-term social goals.*"[3] Praxisnahe Beispiele für ein Social Business wären demnach eine Stiftung oder eine *Non-Government-Organisation* (NGO). Aber auch Unternehmen, die in erhöhtem Maße ihrer sozialen Verantwortung nachkommen, könnte man im erweiterten Sinne als Social Business bezeichnen. Im Rahmen dieser Arbeit findet diese Definition von Social Business als wirtschaftliches Konzept nach YUNUS allerdings keine Beachtung und dient lediglich zur begrifflichen Abgrenzung.

Im Gegensatz zur volkswirtschaftlichen Bedeutung existiert im Rahmen der Informations- und Kommunikationstechnologie ein anderes Verständnis von Social Business: „Die Globalisierung und eine weiterhin rasant ansteigende Verteilung von Aufgaben und Kooperationen erfordert neue Kommunikations- und *Collaboration-*

---

[2] Vgl. Yunus (2007), S. 21
[3] Ebenda, S. 24

Werkzeuge – und genau dort setzt Social Business an.“[4] Die modernste Form der Kommunikations- und *Collaboration*-Werkzeuge sind Produkte, die unter dem Begriff *Social Software* zusammengefasst werden können. Unternehmerisches Interesse an dem Einsatz solcher Software besteht in der Möglichkeit der Produktivitäts- und Effizienzsteigerung, die auch mit einer Kostenreduktion verbunden sein kann.[5] Social Business lässt sich also im Rahmen der IuK-Technologie wie folgt definieren:

„Social Business beschreibt die Nutzung von *Social Software* in Unternehmen, um die interne und externe Zusammenarbeit zu unterstützen, mit dem Ziel der Produktivitätssteigerung und der Realisierung von Kosteneinsparungen.“[6]

2.2 Social Business aus Sicht der Informations- und Kommunikationstechnologie

Die Wirtschaftsinformatik als interdisziplinäre Wissenschaft beschäftigt sich u. a. mit der Frage, wie Unternehmen sowohl operativ und taktisch als auch strategisch durch den Einsatz von Informations- und Kommunikationstechnologie bei ihrem Handeln unterstützt werden können. Zur besseren Einordnung von Social Business in die Wirtschaftsinformatik – insbesondere in die IuK-Technologie – werden im Folgenden die für diesen Kontext notwendigen Grundbegriffe erörtert.

2.2.1 *Computer Supported Cooperative Work*

Das Forschungsgebiet *Computer Supported Cooperative Work* (CSCW) beschäftigt sich mit der Frage, wie die Zusammenarbeit in Unternehmen durch Informations- und Kommunikationstechnologie unterstützt werden kann.[7] In Bezug zu der Definition von Social Business ist hierunter nicht nur die interne, sondern auch die externe Zusammenarbeit zu verstehen. Bei CSCW wird keinesfalls isoliert, sondern vielmehr interdisziplinär geforscht und hierbei die Disziplinen Wirtschaftswissenschaften und Informatik, aber auch Teile der Sozialwissenschaften – insbesondere der (Arbeits- und Organisation-)Psychologie – miteinander kombiniert.[8]

---

[4] McAfee / Weiss (2013)
[5] Vgl. Jäckel / Stegbauer (2008), S. 134
[6] Definition des Autors (J. S.)
[7] Vgl. Hasenkamp / Kirn / Syring (1994), S. 15
[8] Vgl. Rüdebusch (1993), S. 6

Ziel von *Computer Supported Cooperative Work* ist es, die Zusammenarbeit in Unternehmen zu verbessern, d. h. sie „[...] effizienter und flexibler, aber auch humaner und sozialer zu gestalten."[9]

Das Forschungsgebiet CSCW lässt sich in drei – mit einander zusammenhängende – Bereiche untergliedern, deren Erkenntnisse sich zum Teil gegenseitig beeinflussen:

Abbildung 2: CSCW-Forschungsgebiete[10]

Ergänzend zu der grundlegenden Fragestellung, wie IuK-Technologie die Zusammenarbeit in Unternehmen unterstützen kann, setzt sich *Computer Supported Cooperative Work* auch mit aktuellen Trends und Entwicklungen der IT-Branche auseinander, die Einfluss auf die Arbeitswelt haben können, wie z. B.:

- *Mobile Workplace*,
- *Bring Your Own Device* und
- *the Internet of Everything.*[11]

---

[9] Hasenkamp / Kirn / Syring (1994), S. 15
[10] Eigene Darstellung in Anlehnung an ebenda, S. 16
[11] Vgl. Gartner Inc. (2013)

2.2.2 Groupware

Die Erkenntnisse des Forschungsgebietes *Computer Supported Cooperative Work* dienen der Wirtschaft als Grundlage für die Entwicklung von *Groupware*-Systemen, die durch den Einsatz von IuK-Technologie die Zusammenarbeit im Unternehmen unterstützen sollen.[12] Die Abgrenzung des Begriffes *Groupware* zur CSCW-Forschung ist in der Wissenschaft eindeutig: „Mit CSCW wird das Forschungsgebiet bezeichnet, das sich ganz allgemein mit der Rolle von Informations- und Kommunikations-technologien bei der Gruppenarbeit beschäftigt, während GW [*Groupware*] die beforschte Technologie selbst bezeichnet."[13]

Diese Definition unterstreicht, dass es sich bei *Groupware* um Produkte und nicht um einen Forschungsgegenstand handelt, wohingegen wissenschaftlich umstritten ist, welche Komponenten von Informations- und Kommunikationstechnologie der Begriff *Groupware* tatsächlich umfasst.[14] Nach BORNSCHEIN-GRASS existieren sowohl Definitionen, nach denen es sich bei *Groupware* ausschließlich um Softwareprodukte handelt, als auch solche, die Hardware- und Servicekomponenten inkludieren.[15] Vom etymologischen Standpunkt aus betrachtet erscheinen beide Ansätze valide, denn *Groupware* kann sowohl als Kombination von *Group* und Software als auch als Kombination von *Group* und Hardware verstanden werden.

Eine wissenschaftlich fundierte, allgemeingültige Definition des Begriffes *Groupware* gibt es also in der Literatur und Wirtschaft nicht. Der Begriffsumfang variiert je nach Perspektive des Autors und es bedarf somit jeweils einer kontextuellen Begriffs-bestimmung. In dieser Arbeit wird *Groupware* im Kontext von Social Business und aus Sicht eines IT-Dienstleisters wie folgt definiert:

> „*Groupware* umfasst […] Software, Hardware und Services zur Unterstützung von Gruppen."[16]

---

[12] Vgl. Fersko-Weiss / Opper (1991), S. 4
[13] Krcmar / Lewe (1991), S. 1
[14] Vgl. Gross / Koch (2007), S. 6
[15] Vgl. Bornschein-Grass (1995), S. 12
[16] Gross / Koch (2007), S. 6

Groupware-Systemen lassen sich zum Beispiel durch das 3-K-Modell klassifizieren:

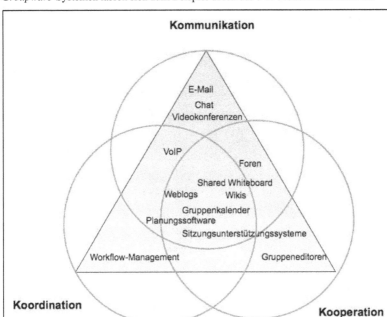

Abbildung 3: Klassifizierung von *Groupware*-Systemen nach dem 3-K-Modell[17]

Im Rahmen des 3-K-Modells wird zwischen 3 Interaktionsformen unterschieden:

- **Kommunikation** bezeichnet ausschließlich den Austausch von Informationen,
- **Koordination** ist dann gegeben, wenn wechselseitige Abhängigkeiten zwischen den beteiligten Personen bestehen und
- **Kooperation** bezeichnet schließlich die tatsächliche Zusammenarbeit.[18]

In Bezug zu Abbildung 3 wäre als klassisches Beispiel für ein *Groupware*-System ein E-Mail-System zu sehen, bestehend aus:

- **Software** (E-Mail-Server und E-Mail-Clients),
- **Hardware** (Server und Client-PCs) und
- **Services** (Netzwerk und Wartung).

---

[17] Soyter (2014)
[18] Vgl. Laudon / Laudon / Schoder (2010), S. 707 f.

14

2.2.3 Collaboration Software

Im semi-wissenschaftlichen Raum wird *Groupware* oft synonym zum Begriff *Collaboration Software* verwendet – als Oberbegriff für Software, Hardware und Services zur Unterstützung der unternehmensinternen und -externen Zusammenarbeit.[19] Auch in der wissenschaftlichen Literatur werden diese Begriffe oft nicht ausreichend voneinander abgegrenzt, so dass im Folgenden eine Definition von *Collaboration Software* nur basierend auf Erkenntnissen und praktischen Erfahrungen aus der Wirtschaft erfolgen kann.

RAY OZZIE – Entwickler des Konzeptes von Lotus Notes – meint dazu: *„I use to mean any kind of software that lets people share things or track things with other people."*[20] In Bezug auf die drei Komponenten eines *Groupware*-Systems lässt sich *Collaboration Software* wie folgt gegenüber *Groupware* abgrenzen:

„*Collaboration Software* bezeichnet den Einsatz von geeigneter Software, die für die Realisierung von *Groupware*-Funktionalitäten erforderlich sind."[21]

Betrachtet man als Beispiel ein E-Mail-System (vgl. Kapitel 2.2.2 *Groupware*) als *Groupware*-Funktionalität, lassen sich der E-Mail-Server und die E-Mail-Clients als *Collaboration Software* bezeichnen.

2.2.4 Social Software

Die neuesten Entwicklungen und Vertreter der Produktfamilie *Collaboration Software* wurden in den vergangenen Jahren von vielen Herstellern unter dem Schlagwort *Social Software* vermarktet.[22] Laut Definition bezeichnet dieser Begriff ebenfalls „[...] alle Typen von Software, die menschliche Kommunikation und Zusammenarbeit unterstützen."[23] Eine auf den ersten Blick nachvollziehbare synonyme Verwendung zu *Collaboration Software* verbietet sich bei genauerer Betrachtung des technologischen

---

[19] Vgl. wikipedia.org (2014)
[20] Gubler (2003), S. 4
[21] Definition des Autors (J. S.)
[22] Vgl. Laudon / Laudon / Schoder (2010), S. 717
[23] Gross / Koch (2007), S. 122

15

Kontextes zum Zeitpunkt der Entstehung des Begriffes *Social Software*. In der einschlägigen Fachliteratur fällt auf, „[…] wenn von *Social Software* die Rede ist, stößt man relativ schnell auch auf den Begriff des Web 2.0."[24]

Web 2.0 steht in erster Linie „[…] für eine Reihe von Technologien, mit deren Hilfe sich Webangebote besonders dynamisch und benutzerfreundlich gestalten lassen."[25] Der Erfolg dieser Technologien besteht in der gestiegenen Bereitschaft der Nutzer, „[…] Informationen für andere bereitzustellen und diese durch Anmerkungen weiterzuentwickeln."[26] Dies stellt einen Paradigmenwechsel dar, denn die Art und Weise, wie Nutzer im Internet agieren, hat sich seitdem grundlegend verändert:

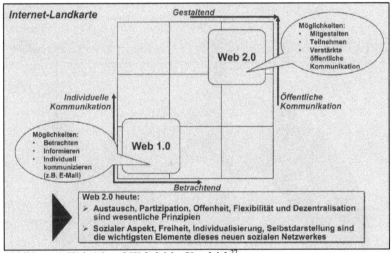

Abbildung 4: Web 1.0 und Web 2.0 im Vergleich[27]

Anwendungen, die den Grundgedanken von *Social Software* – Teilen, Verlinken und Kommentieren – folgen, sind u. a.:

- *Weblogs (Blogs)*,
- *Wikis* und
- soziale Netzwerke.[28]

---

[24] Baumann (2009), S. 15
[25] Ebenda, S. 15
[26] Gross / Koch (2007), S. 122
[27] Töpfer (2008), S. 9
[28] Vgl. Laudon / Laudon / Schoder (2010), S. 717

Im Vergleich zu den *Groupware*-Funktionalitäten aus Abbildung 3 (vgl. Kapitel 2.2.2 *Groupware*) zeigen die Beispiele für *Social Software*, dass die Zuordnung zu bzw. Unterscheidung zwischen *Social Software* und *Collaboration Software* nicht immer eindeutig zu leisten ist. Folgende Definition von *Social Software* subsumiert den wissenschaftlichen Kenntnisstand auf den für den Sachverhalt von Social Business und zur Abgrenzung zu *Collaboration Software* relevanten Kern:

> *Social Software* beschreibt modernste *Collaboration Software*, die durch den Einsatz von Web-2.0-Technologien in besonderem Maße „[...] das Informations-, Identitäts- und Beziehungsmanagement in [...] sozialen Netzwerken unterstützt."[29]

Die folgende Abbildung veranschaulicht die relevanten begrifflichen Zusammenhänge:

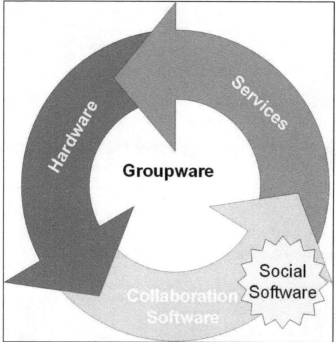

Abbildung 5: *Social Software* im *Groupware*-Kontext[30]

---

[29] Schmidt (2006), S. 2
[30] Eigene Darstellung

3 Funktionen und Nutzen von *Social Software*

Die Definition von *Social Software* beschreibt drei zentrale Funktionsbereiche[31]:

- Das Informationsmanagement beschäftigt sich mit der „[…] Suche, Evaluation und Verwaltung verfügbarer Informationen, die durch die User eingestellt wurden oder sich in der Folge aus den Beziehungen zueinander ergeben."[32]

- Das Identitätsmanagement zielt auf die Selbstdarstellung der Nutzer ab und ist als Basis für eine soziale Struktur zu sehen.[33]

- Das Beziehungsmanagement dient „[…] zum Aufbau, zur Pflege und zur Abbildung von Beziehungsrelationen, die es ermöglichen, Skalen- und Netzwerkeffekte nutzbar zu machen."[34]

3.1 Private Nutzung von *Social-Software*-Funktionen

Im Leben vieler Privatpersonen sind diese Funktionsbereiche fester Bestandteil von Online-Applikationen der täglichen Benutzung: Durch Innovationen in der Informations- und Kommunikationstechnologie ist die Internetnutzung so rasant angestiegen, dass das World Wide Web (WWW) „[…] inzwischen weder aus unserem privaten Lebensalltag noch aus der Geschäftswelt wegzudenken ist."[35]

Ein historischer Vergleich der weltweiten Nutzerzahlen von Radio, Fernsehen und Internet verdeutlicht die alltägliche Relevanz des Internets für viele Menschen: „Beim Radio gingen noch 38 Jahre ins Land, ehe die Zahl 50 Millionen Nutzer betrug. Beim Fernsehen dauerte es immerhin dreizehn Jahre, bis dieses Ziel geschafft wurde."[36] Beim Medium Internet wurde diese Marke bereits nach fünf Jahren erreicht.[37] Heutzutage gibt es bereits allein in Deutschland mehr als 54 Millionen Internetnutzer, wobei die Tendenz als nach wie vor steigend zu bewerten ist.[38]

---

[31] Vgl. Schmidt (2006), S. 2
[32] Alpar / Blaschke (2008), S. 298
[33] Vgl. ebenda, S. 298
[34] Ebenda, S. 298
[35] Janssen / Plass / Rehmann / Wibbing / Zimmermann (2013), S. 42
[36] Ebenda, S. 42
[37] Vgl. ebenda, S. 42
[38] Vgl. ARD / ZDF (2013)

Die Vielfalt an Angeboten, die Funktionen von *Social Software* verwenden, ist riesig:

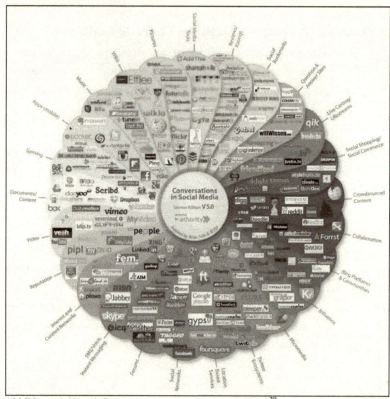

Abbildung 6: Womit Internetnutzer ihre Zeit verbringen[39]

3.2 Funktionen für den Einsatz in Unternehmen

Auf die Vorstellung aller oben abgebildeter Funktionen wird im Rahmen dieser Arbeit verzichtet, da einige nicht oder nur stark begrenzt für den geschäftlichen Einsatz geeignet sind und somit kein oder nur ein geringer unternehmerischer Nutzen identifiziert werden kann. Hierzu zählen u. a. Musik- und Video-Streaming-Portale, aber auch Plattformen für den Austausch von Fotos. Im Folgenden wird sich auf die Vorstellung von sieben geeigneten und verbreiteten Funktionen beschränkt, ihr Nutzen identifiziert und es werden Anwendungsbeispiele für den Einsatz in Unternehmen gegeben.

---

[39] Ethority (2012)

Für den Einsatz in Unternehmen eignen sich folgende Funktionen von *Social Software*:

Abbildung 7: *Social-Software*-Funktionen für den Einsatz in Unternehmen[40]

3.2.1 *Social Tagging* und *Social Bookmarking*

Die Funktion *Social Tagging* bezeichnet die Möglichkeit, Dateien oder Web-Adressen „[…] mit individuellen Stichwörtern zu versehen, die auch von anderen Nutzern durchsucht werden können."[41] Diese Stichwörter – auch *tags* oder Schlagwörter genannt – müssen nicht notwendigerweise einen inhaltlichen Bezug aufweisen, sondern können z. B. auch Wertungen sein oder Hinweise zu Arbeitsprozessen liefern.[42] Hierdurch entstehen Ordnungssysteme, die von den Nutzern selbst geschaffen wurden und somit bei einer nutzerorientierten Suche nach Inhalten äußerst hilfreich sind.

---

[40] Eigene Darstellung in Anlehnung an Schütt (2013), S. VII
[41] Schmidt (2006), S. 3
[42] Vgl. ebenda, S. 3

Der bekannteste Internetdienst in diesem Zusammenhang ist Delicious.[43] Für den Einsatz in Unternehmen eigenen sich diese Funktionen analog zu oben genannter Beschreibung. Der einzige Unterschied besteht darin, dass die *tags* in geschützter Umgebung und nicht im Internet frei für jedermann zugänglich sind.

Der Begriff *Social Bookmarking* bezeichnet in der Literatur ausschließlich das „[...] Teilen von Web-Adressen (URLs) [...]"[44] mit zwei zentralen Zielen:

1. anderen Personen Empfehlungen für URLs zu geben und
2. für sich selbst „[...] wichtige Web-Adressen in kommentierter Form zu sammeln."[45]

Im Unternehmenskontext bietet es neben der zielgerichteten Suche den Vorteil, direkt sehen zu können, wer zum Beispiel bei einer Fragestellung weiterhelfen oder weiterführende Tipps oder ggf. Links bereitstellen kann.

3.2.2 (Diskussions-)Foren

Die Funktionalität eines (Diskussions-)Forums unterstützt die Teilnahme an und Moderation von Diskussionen in virtuellen Umgebungen.[46]

Aus Sicht eines Unternehmens ist grundsätzlich zwischen zwei verschiedenen Einsatzbereichen zu unterscheiden:

- Unternehmen können Foren zur externen Kommunikation einsetzen, z. B. zu ihren Produkten, „[...] um Kunden untereinander die Chance zu geben, sich selbst weiterzuhelfen."[47] Eine Moderation dieser Foren wird oft durch eigene Mitarbeiter wahrgenommen und nicht den Kunden selbst überlassen.
- Zur internen Kommunikation eigenen sich nach allgemeiner Anschauung Foren, um sich zu verschiedenen für den Arbeitsalltag oder das Unternehmen relevanten Themen strukturiert in geschützter Umgebung auszutauschen.

---

[43] Vgl. Schütt (2013), S. 40
[44] Ebenda, S. 40
[45] Ebenda, S. 40
[46] Vgl. ebenda, S. 41
[47] Schütt (2013), S. 41

3.2.3 Weblogs (Blogs) und Microblogging

Ein *Weblog* (kurz *Blog* genannt) bezeichnet eine nach „[...] Erstellungsdatum sortierte Liste mit Einträgen."[48] Diese Einträge sind „[...] meistens Texte und Bilder, in wachsendem Maße aber auch andere multimediale Inhalte wie Ton- oder Videodokumente."[49] Leser eines *Blogs* konsumieren in erster Linie nur den Inhalt der Einträge. Den Konsumenten stehen aber zum Teil auch Partizipationsmöglichkeiten zur Verfügung, wie z. B. Kommentierungs- und Bewertungsfunktionalitäten.[50]

Privatpersonen erfreuen sich seit einigen Jahren an den Funktionen von *Blogs* und so ist es nicht verwunderlich, dass in den vergangenen Jahren ein erhebliches quantitatives Wachstum von *Blogs* zu registrieren war[51]: „Der persönliche *Blog* dient als Mitteilungszentrale, auf der meistens Erlebnisse, Meinungen und persönliche Einschätzungen kundgetan und (über Kommentare) diskutiert werden."[52] Führende Plattformen sind in diesem Zusammenhang Blogger, Wordpress und Tumblr.[53]

Für den Einsatz in Unternehmen ist ein persönlicher *Blog* eher ungeeignet, dennoch ist der betriebliche Einsatz von *Blogs* durchaus sinnvoll, um z. B. „[...] Hinweise und Tipps, die einem bei der Arbeit weiterhelfen [...]"[54], zur Verfügung zu stellen. So könnte ein *Blog* u. a. einen regelmäßigen Newsletter oder einen Projekt-Statusbericht ersetzen und so das E-Mail-Aufkommen reduzieren; Wissen würde im jeweiligen Kontext erhalten bleiben und nicht zwischen anderen Nachrichten untergehen: Ein *Blog* „[...] eignet sich hervorragend für die Übermittlung von Neuigkeiten und allen Arten von Informationen, die relativ schnell veralten oder an Bedeutung verlieren – ältere Einträge stehen eben einfach weit unten und stören nicht mehr."[55]

In diesem Zusammenhang ist die *Microblogging*-Funktion – die minimalistischste Form eines *Blogs* – noch erwähnenswert: Unter *Microblogging* versteht man eine Art Pinnwandfunktion, auf der durch den Autor Kurznachrichten von begrenzter

---

[48] Schütt (2013), S. 38
[49] Schmidt (2006), S. 3
[50] Vgl. Schütt (2013), S. 38
[51] Vgl. Schmidt (2006), S. 7
[52] Schütt (2013), S. 38
[53] Vgl. ebenda, S. 38
[54] Ebenda, S. 39
[55] Ebenda, S. 39

22

Zeichenzahl hinterlassen werden können.[56] Der Unterschied zu einem herkömmlichen *Blog* besteht nicht nur in der reduzierten Zeichenlänge, sondern auch in der fehlenden Möglichkeit für Konsumenten, Kommentare und / oder Bewertungen abgeben zu können. Außerdem werden die Konsumenten eines *Microblogs* automatisch bei Neuigkeiten benachrichtigt. Im privaten Bereich ist der populärste Vertreter dieser Funktion der Dienst Twitter.[57] Anwendungsfälle für den Einsatz in Unternehmen wären beispielsweise Hinweise auf (Unternehmens-)Neuigkeiten, die Information, an welchen Projekten in den nächsten Tagen gearbeitet wird, mit welchen Kunden man es zu tun haben wird oder von welchem Ort aus man zu arbeiten beabsichtigt und wie man dort erreichbar sein wird.

3.2.4 *Wikis*

Laut Definition bezeichnet ein *Wiki* „[...] eine webbasierte Software, die es allen Betrachtern einer Seite erlaubt, den Inhalt zu ändern, indem sie diese Seite online im Browser editieren."[58] Durch „[...] ein System der Versionskontrolle können Änderungen [...] von allen Nutzern nachverfolgt und gegebenenfalls ergänzt oder rückgängig gemacht werden."[59] Grundsätzlich ist zwischen öffentlichen und geschlossenen *Wikis* zu unterscheiden:

- Öffentliche *Wikis* richten „[...] sich über das WWW potenziell an alle."[60] Im privaten Umfeld hat das öffentliche *Wiki* Wikipedia maßgeblich dazu beigetragen, dass die Akzeptanz für diese Funktionalität enorm gestiegen ist.[61]
- Geschlossene *Wikis* sind für Arbeitsgruppen gedacht, sie dienen als Werkzeug zum Wissensmanagement und können so beispielsweise bei der Planung und Dokumentation von Projekten unterstützend eingesetzt werden.

Für den Einsatz in Unternehmen eignen sich insbesondere geschlossene *Wikis* für eine gemeinsame, strukturierte Aufarbeitung und Ablage von Informationen. Hierdurch kann fachliches Wissen für alle oder spezielle Mitarbeitergruppen schnell zur Verfügung gestellt, kommentiert und (weiter-)entwickelt werden.

---

[56] Vgl. Schütt (2013), S. 42
[57] Vgl. ebenda, S. 42
[58] Ebersbach / Glaser / Heigl / Warta (2008), S. 14
[59] Schmidt (2006), S. 3
[60] Ebersbach / Glaser / Heigl / Warta (2008), S. 15
[61] Vgl. Schmidt (2006), S. 10

3.2.5 *Communities* / soziale Netzwerke

Soziale Netzwerke sind die wohl erfolgreichsten Vertreter von *Social-Software-Funktionen* überhaupt. Das populärste soziale Netzwerk für Privatpersonen ist Facebook mit mehr als einer Milliarde Nutzern.[62] Andere wichtige Vertreter sind Google+ (ebenfalls für Privatpersonen) sowie LinkedIn und XING für berufliche Zwecke von Privatpersonen.[63]

Der Einsatz in Unternehmen gestaltet sich ähnlich dem im privaten Bereich, wobei der Inhalt nicht private Informationen sind, sondern diese einen beruflichen Bezug aufweisen: „Insofern hinkt die Metapher Facebook für das Unternehmen und wird manchmal sogar als abwertend empfunden."[64] Vielmehr geht es darum, dass sich Mitarbeiter untereinander vernetzen und so der Informationsaustausch gefördert wird.

Aufgrund der gemeinsamen Interessen einzelner Personen eines sozialen Netzwerkes finden sich Gruppen zusammen: Es entstehen sog. *Communities*. Grundsätzlich bezeichnet der Begriff *Community* in der Soziologie eine „[...] Gruppe von Personen mit einer Gemeinsamkeit."[65] Im Kontext der IuK-Technologie ist diese Definition an sich auch als valide anzusehen, bezeichnet aber im Detail die virtuelle Abbildung einer (Arbeits-)Gruppe innerhalb eines sozialen Netzwerkes.[66]

Grundlage einer jeder *Community* sind Nachrichtenströme, die durch weitere Funktionen ergänzt werden.[67] Die Besitzer (*Owner*) einer *Community* entscheiden selbst, welche Funktionen sie ihren Nutzern bereitstellen wollen, z. B. *Blogs*, *Wikis* oder Foren. In einer *Community* können auch Funktionen wie das *Social Tagging* zur Verfügung gestellt werden.

Anwendungsbeispiele für eine *Community* in Unternehmen wären Abteilungen, Projektgruppen oder ganze Unternehmensbereiche.

---

[62] Vgl. Spiegel (2012)
[63] Vgl. Schütt (2013), S. 43
[64] Ebenda, S. 43
[65] Schütt (2013), S. 43
[66] Vgl. ebenda, S. 43
[67] Vgl. ebenda, S. 43

3.2.6 Echtzeitkommunikation

Grundsätzlich wird zwischen zwei Ebenen der Kommunikation unterschieden: Die Inhaltsebene bezieht sich auf den nachrichtentechnischen Gesichtspunkt der Kommunikation; die Beziehungsebene bezieht sich auf den verhaltens-wissenschaftlichen Gesichtspunkt der Kommunikation.[68] In der innerbetrieblichen Kommunikation ist die E-Mail neben dem Telefon nach wie vor das Kommunikations-medium Nummer eins, unterstützt aber primär nur die inhaltliche Ebene der Kommunikation. Moderne IuK-Technologie verfolgt das Ziel, die Beziehungsebene stärker in den Arbeitsalltag der Mitarbeiter einzubeziehen und so entscheidende Vorteile zu realisieren: „Die Echtzeitkommunikation ermöglicht […] eine unmittelbare soziale Rückkopplung, welche […] zur Reduzierung eines möglichen Aufkommens von Missverständnissen und Konflikten sowie zu einer höheren Geschwindigkeit im Vergleich zur indirekten Kommunikation führt.“[69]

Zur Anwendung im Unternehmen eigenen sich *Instant-Messaging-* (IM-)Systeme als Chat-Möglichkeit sowie Kommunikationssysteme für Audio- und Videokonferenzen.

3.2.7 *Collaborative Writing*

Eine der neuesten Funktionen von *Social Software* lässt sich unter dem Begriff *Collaborative Writing* zusammenfassen: „Mit *Collaborative-Writing*-Tools lassen sich Dokumente bequem im Team bearbeiten.“[70] Hierbei ist es gleichgültig, ob es sich um Textdokumente, Tabellenkalkulationen oder Präsentationen handelt. Die Vorteile sind vielfältig: Da zeit- und ortsunabhängig gearbeitet werden kann, steigt der Grad der Flexibilität. Dokumente lassen sich jederzeit kooperativ bearbeiten und das Hin- und Herschicken von verschiedenen Versionsständen entfällt. Der wohl bekannteste Vertreter im privaten Umfeld ist Google Docs.

Ein sinnvoller Einsatz in Unternehmen findet sich überall dort, wo Mitarbeiter oft gemeinsam Dokumente erstellen oder bearbeiten müssen.

---

[68] Vgl. Manouchehri Far (2010), S. 73 f.
[69] Ebenda, S. 76
[70] Dreyßig (2012)

3.3 Nutzen von *Social Software* für Unternehmen

Neben den Funktionen und möglichen Anwendungsbeispielen für Unternehmen stellt sich bei *Social Software* die Frage nach dem tatsächlichen Nutzen im betrieblichen Alltag. Eine vom Bundesverband Informationswirtschaft, Telekommunikation und neue Medien (BITKOM) durchgeführte Befragung von Großunternehmen sowie kleinen und mittleren Unternehmen (KMU) beantwortet diese Frage:

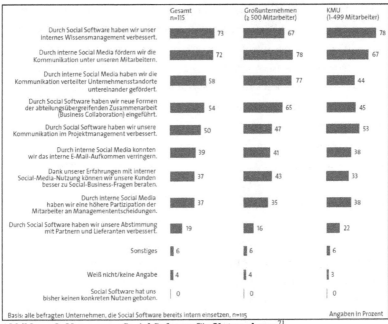

	Gesamt n=115	Großunternehmen (≥ 500 Mitarbeiter)	KMU (1-499 Mitarbeiter)
Durch Social Software haben wir unser internes Wissensmanagement verbessert.	73	67	78
Durch interne Social Media fördern wir die Kommunikation unter unseren Mitarbeitern.	72	78	67
Durch interne Social Media haben wir die Kommunikation verteilter Unternehmensstandorte untereinander gefördert.	58	77	44
Durch Social Software haben wir neue Formen der abteilungsübergreifenden Zusammenarbeit (Business Collaboration) eingeführt.	54	65	45
Durch Social Software haben wir unsere Kommunikation im Projektmanagement verbessert.	50	47	53
Durch interne Social Media konnten wir das interne E-Mail-Aufkommen verringern.	39	41	38
Dank unserer Erfahrungen mit interner Social-Media-Nutzung können wir unsere Kunden besser zu Social-Business-Fragen beraten.	37	43	33
Durch interne Social Media haben wir eine höhere Partizipation der Mitarbeiter an Managemententscheidungen.	37	35	38
Durch Social Software haben wir unsere Abstimmung mit Partnern und Lieferanten verbessert.	19	16	22
Sonstiges	6	6	6
Weiß nicht/keine Angabe	4	4	3
Social Software hat uns bisher keinen konkreten Nutzen geboten.	0	0	0

Basis: alle befragten Unternehmen, die Social Software bereits intern einsetzen, n=115 — Angaben in Prozent

Abbildung 8: Nutzen von *Social Software* für Unternehmen[71]

Neben den einzelnen Aussagen zum Nutzen, wie z. B.:

- verbessertes Wissensmanagement,
- eine Förderung der Kommunikation oder
- Reduzierung des E-Mail-Aufkommens

ist der entscheidende Grundtenor unter allen Befragten, dass „[…] sich der Einsatz von *Social Software* auszahlt […]"[72] (vgl. Kapitel 6.3.1 Quantifizierbarkeit des Nutzens).

---

[71] BITKOM (2013), S. 19
[72] Ebenda, S. 18

4 Marktübersicht zu *Social Software*

Zur Produktivitätssteigerung der eigenen Mitarbeiter setzen immer mehr Unternehmen eine *Social-Software*-Plattform ein. Diese grundlegende Entwicklung ist unabhängig davon zu sehen, wie groß das jeweilige Unternehmen ist, in welcher Branche es tätig ist oder wo es räumlich vertreten ist.[73]

Die hierdurch gestiegene Nachfrage nach Lösungen führt u. a. dazu, dass eine Vielzahl von Unternehmen *Social Software* anbieten: Global Player der IT-Branche wie IBM, Microsoft oder SAP sind alle in diesem zukunftsträchtigen Marktsegment aktiv.[74] In diesem Zusammenhang ist erwähnenswert, dass „[...] viele dieser Top-Player nicht nur die großen, sondern zunehmend auch kleinere Firmen aus dem Mittelstand mit ihren *Social-Software*-Lösungen adressieren."[75] Aber gerade hier stehen sie im Wettbewerb mit einer größeren Zahl von ernstzunehmenden Startup-Unternehmen, die ihnen Marktanteile streitig machen.[76] Als repräsentatives Beispiel für diese Gruppe ist das inzwischen etablierte und erfolgreiche Unternehmen Jive Software zu nennen.[77]

4.1 Anbieter im Vergleich

Um ein plausibles Ranking der Anbieter von *Social Software* zu erhalten, ist es empfehlenswert, auf industrieunabhängige Marktforschungsinstitute zu setzen. In der IT-Branche veröffentlicht z. B. Gartner jährlich Analysen zu Entwicklungen dieser Branche, unter anderem auch zum Thema *Social Software*. Der Bericht *Magic Quadrant for Social Software in the Workplace* gibt nicht nur einen umfangreichen Anbieterüberblick, sondern bewertet diese auch kriterienorientiert und beantwortet

1. die Frage nach der Vollständigkeit der angebotenen Lösung
   (*Completeness of Vision*) und
2. ob der Anbieter fähig ist, diese auch erfolgreich zu implementieren
   (*Ability to execute*).[78]

---

[73] Vgl. Wyllie (2014)
[74] Vgl. Kongress Media GmbH (2014)
[75] Wyllie (2014)
[76] Vgl. ebenda
[77] Vgl. Gartner Inc. (2013), S. 3
[78] Vgl. ebenda, S. 3

Die Auswertung dieser Fragen bestimmt die Position des jeweiligen Anbieters in der
2D-Bewertungsmatrix aller analysierten Anbieter:

Abbildung 9: Anbieter von *Social Software* im Vergleich[79]

Die Bewertungsmatrix gruppiert die Anbieter in vier Kategorien:

- Marktführer (*Leader*),
- Marktherausforderer (*Challengers*),
- Nischenanbieter (*Niche Players*) und
- Visionäre (*Visionaries*).[80]

---

[79] Gartner Inc. (2013), S. 3
[80] Vgl. ebenda, S. 3

4.2 Top 3 im Detail

Die Marktübersicht von Gartner zeigt zum einen die starke Positionierung etablierter IT-Unternehmen und zum anderen die hohe Anzahl von Startups auf dem Markt für *Social Software*. Der zur Verfügung stehende Umfang dieser Arbeit erlaubt es nicht, auf die Lösungen aller Anbieter einzugehen. Im Folgenden werden daher nur die Lösungen der drei am besten positionierten Anbieter im Detail miteinander verglichen, nämlich SharePoint von Microsoft, Connections von IBM und Jive von Jive Software.[81]

Bewertungskriterien dieses Vergleiches sind die Benutzerfreundlichkeit der Oberfläche, der zu erwartende Aufwand für die Schulungen der Endanwender, der Funktionsumfang und die Realisierung als *Social Software* für den Unternehmenseinsatz. Folgende Tabelle fasst die Ergebnisse zusammen:

Benutzer- freundlichkeit	Schulungs- aufwand	Social Software Funktionen	Enterprise Social Software Funktionen	Produkt
befriedigend	mittel	ausreichend	befriedigend	SharePoint
gut	sehr gering	gut	sehr gut	Connections
gut	gering	sehr gut	gut	Jive

[grün = beste Bewertung, gelb = mittlere Bewertung, rot = schlechteste Bewertung]
Tabelle 1: SharePoint, Connections und Jive im Vergleich[82]

Festzuhalten bleibt, dass IBM mit Connections im direkten Vergleich zu den anderen Top-3-Anbietern am besten abschneidet, gefolgt von Jive Software mit Jive und Microsoft mit SharePoint. Dieses Ergebnis deckt sich mit der Einschätzung einer Analyse der Experton Group: „Die Studie zeigt, dass IBM – auch vor allem bezüglich der Wettbewerbsstärke – an oberster Stelle im Themenfeld Social Business steht."[83] Die Ergebnisse der drei vorgestellten Bewertungsansätze zeigen eindrucksvoll, dass IBM im Bereich *Social Software* als Marktführer (*Leader*) zu sehen ist.[84]

---

[81] Vgl. Kurzlechner (2011)
[82] Eigene Darstellung in Anlehnung an ebenda
[83] Experton Group AG (2014), S. 2
[84] Vgl. ebenda, S. 1

5 Einführungsstrategien für *Social Software*

Die Marktübersicht zu *Social Software* – insbesondere der Vergleich der unter-
schiedlichen Anbieter – hat gezeigt, dass nicht ausschließlich der Funktionsumfang der
Plattform ein *Social-Software*-Projekt erfolgreich werden lässt, sondern vor allen
Dingen die Art und Weise der Einführung für den Erfolg oder Misserfolg
ausschlaggebend ist. In diesem Zusammenhang „[…] wird regelmäßig über die richtige
Einführungsstrategie diskutiert."[85] Zentrale Fragestellungen hierbei sind:

1. Wie kann erreicht werden, dass die Mitarbeiter die Software sinnvoll nutzen:
   Top-Down- oder *Bottom-Up*-Ansatz?
2. Für wen soll die Software wann eingeführt werden:
   Big Bang oder iterative Einführung?

Dieses Kapitel zeigt die möglichen Alternativen zur Beantwortung dieser Fragen auf.

5.1 *Top-Down* vs. *Bottom-Up*

Im Folgenden werden die „[…] Paradigmen *Top-Down* (vom Management getrieben)
und *Bottom-Up* (von den Mitarbeitern getrieben) gegenübergestellt"[86]:

Top-Down bezeichnet „[…] die (mit Unterstützung des Managements)
koordiniert vermarktete und gezielt geschulte Nutzung der neuen Dienste mit
Fokus auf bestimmte Nutzungspotentiale."[87]

Hierbei handelt es sich aus psychologischer Sicht eher um eine extrinsische Motivation
der Mitarbeiter zur Nutzung der neuen Software, denn die Einsatzmöglichkeiten
werden vom Management vorgegeben. Dieses Management hat als Treiber des
Einführungsprojektes bereits klare Erwartungen an den hiermit verbundenen Nutzen.[88]

---

[85] Richter / Stocker (2011), S. 1
[86] Ebenda, S. 1
[87] Ebenda, S. 5
[88] Vgl. ebenda, S. 5

Diesem Paradigma steht der *Bottom-Up*-Ansatz diametral gegenüber, denn:

> *Bottom-Up* bezeichnet „[…] die kontinuierliche Ermittlung möglicher Anwendungsszenarien für neue nutzungsoffene Dienste mittels eines partizipativen Vorgehens."[89]

Hiermit ist gemeint, dass die Nutzung der neuen Software nicht durch das Management vorgegeben wird, sondern die Mitarbeiter selbst entscheiden, ob und wofür sie die Software einsetzen. Erkennen die Mitarbeiter den Mehrwert der Software im Arbeitsalltag, so hat dies einen Ausstrahlungseffekt auf andere Mitarbeiter. Die Treiber des Dienstes sind somit die Mitarbeiter selber. Der Nutzen der Software lässt sich bei diesem Ansatz allerdings vorher nicht eindeutig bestimmen, sondern kann erst nach einiger Zeit retrospektiv evaluiert werden.

Diese beiden Ansätze – *Top-Down* und *Bottom-Up* – werden oft isoliert und als sich ausschließend beschrieben. Aber gerade im Kontext von *Social Software* ist eine Kombination beider Ansätze als Einführungsstrategie durchaus denk- und realisierbar:

> Die Art der Nutzung bleibt im Rahmen eines partizipativen Vorgehens zunächst den Mitarbeitern selbst überlassen, die nach und nach Einsatzszenarien identifizieren; die Plattform wird im Unternehmen mit Unterstützung des Managements koordiniert vermarktet und deren gezielte Nutzung geschult.[90]

Diese Definition verdeutlicht die Funktionen bzw. Ziele der beiden Ansätze:

- Funktion und Ziel des *Top-Down*-Ansatzes ist die *Promotion* der Software, um „[…] möglichst rasch eine kritische Masse an echten Nutzern zu erreichen, was gerade für *Social Software* eine wichtige Rolle spielt."[91]
- Funktion und Ziel des *Bottom-Up*-Ansatzes ist die *Exploration* der Software, also die Integration der Software in den Arbeitsalltag der Mitarbeiter durch freie Erschließung von Anwendungsfällen und die Wahl einer geeigneten Funktion.[92]

---

[89] Richter / Stocker (2011), S. 4
[90] Vgl. ebenda, S. 1
[91] Ebenda, S. 7
[92] Vgl. ebenda, S. 6

5.2 *Big Bang* vs. iterative Einführung

Neben der Frage nach der Motivation der Mitarbeiter zur sinnvollen Nutzung der Software ist zu klären, für welche Mitarbeiter die Software zu welchem Zeitpunkt eingeführt werden soll. Bei Projekten zur Softwareeinführung wird grundsätzlich zwischen *Big Bang* und der iterativen Einführung unterschieden. *Big Bang* bezeichnet die zeitgleiche Einführung der Software für alle Nutzer.[93] Im Gegensatz dazu ist das Konzept der iterativen Einführung zu sehen: „Wird die Software pro Anwendergruppe freigeschaltet, spricht man von einer iterativen Einführung."[94] Im Kontext von *Social Software* könnte eine Anwendergruppe beispielsweise eine Abteilung, eine Projektgruppe oder ein Unternehmensbereich sein.

Die zentralen Fragestellungen bei der Wahl einer geeigneten Einführungsstrategie (vgl. Kapitel 5 Einführungsstrategien für *Social Software*) sind nicht allgemeingültig zu beantworten, sondern müssen individuell unter Berücksichtigung der Rahmenbedingungen des jeweiligen Unternehmens betrachtet werden. Folgende Abbildung stellt die für die Findung einer geeigneten Einführungsstrategie für *Social Software* zur Auswahl stehenden relevanten Ansätze zusammenfassend dar:

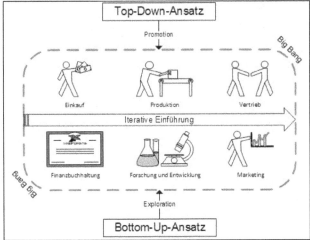

Abbildung 10: Ansätze für die Einführung von *Social Software*[95]

---

[93] Vgl. Dobe / Moser (2013)
[94] Ebenda
[95] Eigene Darstellung

6 Einführung von *Social Software* in Industrieunternehmen

Die beschriebenen Einführungsstrategien bilden die Grundlage für die Aufarbeitung von Einführungsprojekten bei Industrieunternehmen. Im Rahmen dieses Kapitels wird der Fokus auf den Standort Deutschland und die damit verbundenen aktuellen Herausforderungen für die Industrie gelegt. Ausgehend von den Hauptmotiven für den Einsatz von *Social Software* wird das erarbeitete Einführungskonzept im Detail dargestellt. Ziel der anschließenden Evaluation von verschiedenen unternehmerischen Nutzendimensionen ist die Findung geeigneter Indikatoren zur Quantifizierung einzelner Nutzenparameter, die Grundlage einer Wirtschaftlichkeitsbetrachtung sein können. Daran schließt sich eine Auswertung von Herausforderungen und Problemen bei Einführungsprojekten an, um erfolgskritische Faktoren abzuleiten, die als Handlungsempfehlungen bei zukünftigen Projekten berücksichtigt werden können.

6.1 Motive für die Einführung von *Social Software* in Industrieunternehmen

Die anhaltende Entwicklung hin zu einem weltweiten Absatzmarkt im Zuge der Globalisierung stellt auch bisher überwiegend regional agierende Unternehmen vor neue Herausforderungen: Deutsche Industrieunternehmen stehen in globaler Konkurrenz zu Unternehmen aus dem Ausland.[96] Die Produktlebenszyklen werden tendenziell kürzer, die Anforderungen an die Erfüllung individueller Kundenwünsche steigen kontinuierlich und die heimischen Absatzmärkte werden von günstigen Produkten aus Fernost überschwemmt. Zahlreiche Beispiele zeigen, dass Personalabbau zur kurzfristigen Kostensenkung keine dauerhafte Strategie darstellt, um konkurrenzfähig zu bleiben. Auch vor dem Hintergrund der gesellschaftspolitischen Verantwortung ist dies nicht als volkswirtschaftliches Allheilkonzept zu sehen. Vielmehr geht es für deutsche Industrieunternehmen darum, durch innerbetriebliche Verbesserungen Wettbewerbsvorteile zu realisieren. In diesem Zusammenhang sind Prozessoptimierungen und entsprechende Produktivitätssteigerungen als intendierte Veränderungen zu nennen.[97]

---

[96] Vgl. Schultz (2013)
[97] Vgl. Schneider (2014)

Der Einsatz von *Social Software* verändert die Zusammenarbeit dauerhaft und nachhaltig – „[…] die Arbeitsweise muss effektiver gestaltet werden."[98] Gerade im Kontext der zunehmenden Bedeutung von Projektarbeit erlaubt der Einsatz solcher Software orts- und zeitunabhängiges Arbeiten: „*Social Software* ist ganz klar als Akzelerator des verteilten Arbeitens zu sehen."[99] Nicht nur räumliche Entfernungen und zeitliche Abhängigkeiten können somit überwunden werden, sondern auch das Auftreten von Kommunikationsproblemen aufgrund kultureller Unterschiede kann reduziert werden. Eine allgemeine Prozessverbesserung nur ausschließlich durch die Einführung von *Social Software* zu erwarten, ist unwahrscheinlich, allerdings schafft der Einsatz dieser IuK-Technologien eine generelle Kommunikationsverbesserung und ein effizienteres Informationsmanagement – dies ist als Teil einer generellen Prozessverbesserung anzusehen.[100]

Neben der beschriebenen globalen Wettbewerbssituation sehen sich vor allem deutsche Industrieunternehmen zusätzlich mit den Herausforderungen der demografischen Entwicklung innerhalb des eigenen Landes konfrontiert. Hierbei geht es um die Reduzierungen der betrieblichen Auswirkungen folgender zwei Probleme:

1. Die jährlich zunehmende Zahl von aus Altersgründen ausscheidenden Arbeitnehmern und

2. die nicht mehr ausreichende Zahl von Fachkräften, um die frei werdenden oder offenen Stellen adäquat zu besetzen.

Bei diesen Entwicklungen ist es nicht verwunderlich, dass „[…] der Altersdurchschnitt bei Industrieunternehmen teilweise extrem hoch ist."[101] Dem drohenden Wissensverlust durch das verstärkte Ausscheiden erfahrener Mitarbeiter muss durch geeignete Maßnahmen entgegengewirkt werden. Hier kann *Social Software* als Instrument zum Wissensmanagement eingesetzt werden: „Das Stichwort in diesem Zusammenhang ist *Knowledge Management*. Viele Unternehmen haben hier eine Schwachstelle."[102] Mit den richtigen Tools kann betriebliches Wissen weitergegeben werden und erhalten bleiben, denn „[…] viele Informationen liegen zurzeit in lokalen Dateien auf den

---

[98] Schneider (2014)
[99] Ebenda
[100] Vgl. Ebenda
[101] Ebenda
[102] Ebenda

34

Festplatten der Mitarbeiter, in Mail-*Files* auf Servern oder in Papierform auf dem Schreibtisch [...]"[103] und sind somit oft nur dem Mitarbeiter selbst zugänglich. *Social Software* ermöglicht die Bereitstellung dieser Informationen für eine bereitere Nutzergruppe. Gerade vor dem Hintergrund einer generell zunehmenden Mitarbeiterfluktuation aufgrund der nachlassenden Unternehmensbindung und entsprechend kürzerer Verweildauern der Arbeitnehmer in einem Unternehmen ist *Social Software* hier als strategisches Werkzeug zum Wissensmanagement zu sehen.[104]

Die hohe Altersstruktur ist eine gesamtvolkswirtschaftliche Herausforderung:

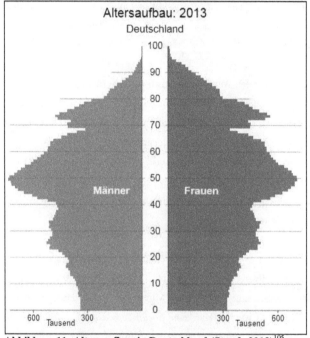

Abbildung 11: Altersaufbau in Deutschland (Stand: 2013)[105]

Anhand der Abbildung lässt sich außerdem der sich aktuell bereits schon abzeichnende Fachkräftemangel erkennen.

---

[104] Vgl. Hockling (2012)
[105] Statistisches Bundesamt (2014)

Wirtschaftsvertreter haben in den letzten Jahren immer wieder deutlich gemacht, welche Schwierigkeiten Unternehmen zunehmend haben, offene Stellen zu besetzen.[106] Um adäquate Nachwuchskräfte zu akquirieren, müssen Arbeitgeber attraktiv für junge Arbeitnehmer sein. Als Teil eines attraktiven und produktiven Arbeitsumfeldes ist der Einsatz von *Social Software* zu sehen. Gerade junge Arbeitnehmer fordern dies von Unternehmen: „[…] die Generation Y wächst mit *Social Media* auf und erwartet, dass Unternehmen eben diese Funktionen auch im beruflichen Umfeld einsetzen, von jungen Arbeitnehmern wird es geradezu gefordert."[107]

In diesem Zusammenhang kann *Social Software* nicht nur innerbetrieblich eingesetzt werden, sondern auch die externe Kommunikation unterstützen: Unternehmen können über soziale Netzwerke mit Nachwuchskräften in Kontakt treten. Viele namhafte Konzerne haben dies bereits erkannt und sind bei sozialen Netzwerken vertreten. Hierdurch kann eine größere Zielgruppe angesprochen werden als beispielsweise über die eigene Homepage. Bezogen auf die deutsche Industrie mit ihren zahlreichen *Hidden Champions*[108] (Marktführer auf einem bestimmten, z. T. hoch spezialisierten Gebiet, aber als Markenname einem Großteil der Bevölkerung nicht bekannt) bietet dies die Möglichkeit, auf sich aufmerksam zu machen und aktiv die eigene Arbeitgebermarke mit dem Ziel zu positionieren, gut qualifiziertes Personal für sich zu gewinnen.

6.2 Praxiserfahrungen

Vor dem Hintergrund der vorgestellten Motive und Gründe für die Einführung von *Social Software* werden nun die gesammelten Praxiserfahrungen bei Industrieunternehmen in einer allgemeingültigen und somit wiederverwendbaren Form subsumiert. Ziele dieses Kapitels sind Hilfestellungen für die Beantwortung zentraler Fragen im Zusammenhang mit der Einführung von *Social Software* zu geben, u. a.

- wie die Software im Unternehmen bereitgestellt wird,
- welche Schritte bei der Einführung von *Social Software* wichtig sind und
- welche speziellen Einsatzszenarien für Industrieunternehmen denkbar sind.

---

[106] Vgl. Hengst (2014)
[107] Schneider (2014)
[108] Vgl. Simon (2014)

Die hier angeführten Erkenntnisse beruhen auf Erfahrungen aus der Praxis. Die konkreten Namen und Details zu den Unternehmen, auf denen diese Erkenntnisse beruhen, sind für den Sachverhalt der Allgemeingültigkeit und Wiederverwendbarkeit nicht notwendig und werden deshalb auch nicht genannt bzw. dargestellt.

6.2.1 Art und Weise der Softwarebereitstellung

In Bezug auf Kapitel 4 Marktübersicht zu *Social Software* ist im Anschluss an die Auswahl des Anbieters auch die Art und Weise der Softwarebereitstellung zu klären. Im privaten Umfeld wird *Social Software* fast ausschließlich aus der *Cloud* bezogen, da es für die Nutzer auch oft keine andere Möglichkeit gibt. Unternehmen hingegen haben hier die Wahl zwischen drei technischen Alternativen:

1. Unternehmen betreiben die Software selber (*On Premises*),
2. Unternehmen lassen die Software betreiben (*Hosting, Outsourcing*) oder
3. Unternehmen mieten die Software (*Cloud*).[109]

Die drei Alternativen haben nicht nur technische, sondern auch kaufmännische Auswirkungen: Abhängig vom jeweiligen Bereitstellungsmodell können Fixkosten, wie z. B. beim *On-Premises*-Modell, durch variable Kosten, wie z. B. beim *Cloud*-Ansatz, ersetzt werden.

Grundsätzlich ist bei der Entscheidung für eine Art und Weise der drei oben genannten Alternativen der Softwarebereitstellung die IT-Strategie des Unternehmens zu berücksichtigen: „Hierbei geht es natürlich um Kosten, aber auch um Fragen der Abhängigkeit."[110] Außerdem spielt besonders bei dem Thema *Cloud* das Risikomanagement in Bezug auf die Datensicherheit eine entscheidende Rolle. Aufgrund der zu berücksichtigen unternehmensspezifischen Voraussetzungen und Rahmenbedingungen im Zusammenhang mit der IT-Strategie ist eine allgemeingültige Aussage, welches die beste Lösung darstellt, nicht möglich. Diese Entscheidung muss unternehmensindividuell getroffen werden.

---

[109] Vgl. Schütt (2013), S. 45
[110] Ebenda, S. 130

6.2.2 Einführungskonzept

Die Einführung von *Social Software* ist als entscheidender Schritt hin zu einem Social Business keinesfalls als reines IT-Projekt zu sehen, sondern vielmehr als Teil einer unternehmensweiten Transformation. Für einen erfolgreichen Projektverlauf ist neben der IT-Kompetenz auch Projektmanagement-Knowhow unerlässlich.

Aus Sicht des Projektmanagements lässt sich das Einführungsprojekt in 5 Teilprojekte mit insgesamt 15 Arbeitspaketen (AP) untergliedern:

Teilprojekt A: Kick Off

- AP01: Etablierung eines Managementsystems
- AP02: Definition der Zielsetzungen (inkl. Kritierien zur Zielereichung)

Teilprojekt B: Organistatorische und technische Vorbereitungen

- AP03: Festlegung der Organisationseinheiten u. des Funktionsumfanges
- AP04: Erarbeitung eines Kommunikationskonzeptes
- AP05: Festlegung der Nutzungsrichtlinien
- AP06: Installation, Integration und Customizing der Software

Teilprojekt C: Proof of Concept

- AP07: Auswahl der Pilotgruppen
- AP08: Schulung der Pilotgruppen
- AP09: Betreuung des Pilotprojektes
- AP10: Evaluation des Pilotprojektes

Teilprojekt D: Übergang in die Betriebsphase

- AP11: Etablierung eines Botschafter-Programmes
- AP12: Schulung und Qualifizierung der Mitarbeiter
- AP13: Betriebsstart der Social-Software-Plattform

Teilprojekt E: Nachbereitungen

- AP14: Durchführung der Erfolggskontrolle
- AP15: Planung und Umsetzung von Korrektur- und Folgemaßnahmen

Abbildung 12: 5 Teilprojekte zur Einführung von *Social Software*[111]

---

[111] Eigene Darstellung

AP01 – Etablierung eines Managementsystems:

Das Projekt zur Einführung von *Social Software* als Initiator einer unternehmensweiten Transformation sollte im Idealfall von der Geschäftsleitung getragen und unterstützt werden.[112] Ergänzend dazu sind alle einflussreichen Beteiligten, also die *Stakeholder*, bei der Aufsetzung des Projektes mit zu berücksichtigen. Eine Analyse und Segmentierung von *Stakeholdern* liefert die mit einzubeziehenden Personen bzw. Rollen: „Typische *Stakeholder* sind Vertreter aus dem höheren Management der Fachbereiche, Personal, Kommunikation und IT, aber auch der Betriebsrat (falls vorhanden)."[113] Die Geschäftsleitung bildet zusammen mit den *Stakeholdern* die Schirmherrschaft für das Projekt – SCHÜTT bezeichnet dieses Gremium als *Sounding Board*.[114] Dieses trifft alle strategischen Entscheidungen und ist regelmäßig über den Fortschritt des Projektes zu informieren. Dieses Verfahren ermöglicht es, die Interessen der Stakeholder über den gesamten Projektlebenszyklus hinweg zu wahren und das Risiko eines Misserfolges für das Projekt zu minimieren.

Die eigentliche Projektplanung sowie die Koordination der Durchführung ist Aufgabe des Projektmanagement-Teams. Dieses Team besteht aus einem Projektleiter und ggf. Teilprojektleitern sowie Mitarbeitern der IT- und der jeweiligen Fachbereiche. Im Rahmen des Projektmanagements wird festgelegt, wer (taktische und operative) Entscheidungen treffen darf und welche Arbeitspakete von wem bearbeitet werden sollen. Auch die konkrete Zeitplanung ist Aufgabe des Projektmanagement-Teams.

Das Projektmanagement-Team sollte möglichst autark agieren können. Bei notwendigen strategischen Entscheidungen aber diskutiert es diese mit dem *Sounding Board* und informiert es in regelmäßigen Abständen über den Projektfortschritt und die konkrete Zeitplanung. Umgekehrt muss das *Sounding Board* aber auch das Projektmanagement-Team uneingeschränkt unterstützten (vgl. *Top-Down*-Ansatz): Die Unterstützung des Managements ist in vielen Bereichen gefordert und mitunter entscheidend für den Projekterfolg als Ganzes.

---

[112] Vgl. Schütt (2013), S. 123
[113] Ebenda, S. 124
[114] Vgl. ebenda, S. 125

AP02 – Definition der Zielsetzungen (inkl. Kriterien zur Zielerreichung):

Eine der strategischen Entscheidungen ist u. a. die Definition der Zielsetzungen. Ausgehend von einer Ist-Analyse wird der angestrebte Soll-Zustand bestimmt. Anhand dieser Festlegungen lassen sich klare Zielsetzungen formulieren, die den Erfolg bzw. Misserfolg des Projektes determinieren. Um die Zielerreichung nachvollziehen zu können, sind geeignete Messkriterien notwendig, z. B. Kennzahlen. In Kapitel 6.3.1 Quantifizierbarkeit des Nutzens werden hierfür konkrete Vorschläge gegeben.

AP03 – Festlegung der Organisationseinheiten und des Funktionsumfanges:

Weitere Beispiele für strategische Entscheidungen sind die folgenden Grundsatzfragen:
1. Für welche Organisationseinheiten wird die Software eingeführt?
2. Welche *Social-Software*-Funktionen werden zur Verfügung gestellt?

Die Einführung von *Social Software* kann unternehmensweit zeitgleich erfolgen (vgl. *Big Bang*) oder aber auch zeitversetzt (vgl. iterative Einführung). Einzelne Iterationsschritte können jeweils repräsentativ für eine Organisationseinheit stehen. Als Organisationseinheit ist z. B. eine Abteilung, eine Projektgruppe oder ein Unternehmensbereich denkbar. Eine Kombination von *Big Bang* und iterativer Einführung ist oft sinnvoll und zielführend: Im Rahmen eines *Proof of Concepts* (PoC) findet zunächst ein Pilotbetrieb mit ausgewählten Organisationseinheiten statt, um nach der Evaluation des PoC bei der unternehmensweiten Einführung die gesammelten Erfahrungen bei der unternehmensweiten Einführung mit zu berücksichtigen.

Der hohe Funktionsumfang einer *Social-Software*-Plattform kann entweder vollständig oder in reduzierter Form implementiert werden. Grundsätzlich sollte den Nutzern ausreichend Freiraum gelassen werden, selbst entscheiden zu können, welche Funktion für welchen Zweck die richtige ist (vgl. *Bottom-Up*-Ansatz). Dennoch ist eine Vorselektion durchaus sinnvoll: Sollte im Anschluss an den *Proof of Concept* evaluiert werden, dass einige Funktionen überhaupt nicht oder gar falsch genutzt werden, ist dies bei den weiteren Schritten mit zu berücksichtigen und der Funktionsumfang entsprechend anzupassen. Reduzierter Funktionsumfang ist für Endanwender oft gleichbedeutend mit einer gefühlten Reduzierung der Komplexität der Software.

AP04 – Erarbeitung eines Kommunikationskonzeptes:

Das Einführungsprojekt kann nur dann als Erfolg bezeichnet werden, wenn die Mitarbeiter die neue Plattform auch tatsächlich nutzen. Deshalb ist die Belegschaft frühzeitig über das Projekt und regelmäßig über den Projektfortschritt zu informieren. Ein Kommunikationsplan hilft dabei zu erkennen, wann welche Personen oder Gruppen über welchen Sachverhalt in Kenntnis gesetzt werden sollten. Die aufkommenden Fragen der Mitarbeiter lassen sich in 4 Phasen gliedern und so strukturiert beantworten:

Abbildung 13: Kommunikationsplan[115]

AP05 – Festlegung der Nutzungsrichtlinien:

Im Umgang mit *Social Software* ist auf eine Reihe von rechtlichen Rahmenbedingungen zu achten. Die Erarbeitung von Nutzungsrichtlinien hilft die gesetzlichen Bestimmungen in eine für alle Mitarbeiter verständliche Form zu bringen.

---

[115] Eigene Darstellung in Anlehnung an Schütt (2013), S. 134

Folgende Rechtsgebiete können bei der Planung, Einführung und dem Betrieb einer *Social-Software*-Plattform tangiert werden:

- Datenschutzrecht,
- Datensicherheit,
- Urheberrecht,
- Recht am eigenen Bild,
- Arbeitsrecht / Betriebsverfassungsgesetz und
- Außenhandelsgesetz.[116]

AP06 – Installation, Integration und *Customizing* der Software:

Die ersten Arbeitspakete haben bereits deutlich gemacht, inwiefern die Einführung von *Social Software* eben kein reines IT-Thema ist, sondern primär organisatorische, aber auch rechtliche Fragestellungen in den Mittelpunkt des Projektes rücken. Nichtsdestotrotz ist es Aufgabe der IT-Abteilung, die Installation, Integration und das *Customizing* (Anpassung) der Software sicherzustellen.

Die Installation unterscheidet sich unwesentlich von der anderer Standardsoftware, jedoch ist die Integration in die Zielumgebung sowie das *Customizing* der Plattform an die Anforderungen des Unternehmens mit einigen Herausforderungen verbunden, u. a.:

- die Integration von Standardanwendungen (z. B. Office und E-Mail),
- das Gewährleisten zeit- und ortsunabhängigen Arbeitens und
- die Unterstützung von mobilen Telekommunikationsendgeräten.[117]

AP07 / AP08 – Auswahl und Schulung der Pilotgruppen:

Im Rahmen des *Proof of Concepts* kommt der Auswahl geeigneter Pilotgruppen eine nicht zu unterschätzende Bedeutung zu. Empfehlenswert ist sowohl eine formale Abteilung als auch eine eher offene Projektgruppe für einen PoC auszuwählen. Es sollte hierbei darauf geachtet werden, dass mindestens 30 Personen am Pilotprojekt teilnehmen, denn: „Bei *Social Software* geht es um Masseneffekte."[118]

---

[116] Vgl. Schütt (2013), S. 136
[117] Vgl. ebenda, S. 129 f.
[118] Schütt (2013), S. 127

Die ausgewählten Pilotgruppen sind umfangreich für den Umgang mit den Funktionen zu schulen und für das Thema *Social Software* zu sensibilisieren. In diesem Zusammenhang geht es vor allen Dingen darum, sie zur Nutzung der neuen Plattform zu motivieren, denn vom Erfolg des *Proof of Concepts* hängt viel ab: Bei Erfolg hat er positive Ausstrahlungseffekte auf das gesamte Unternehmen; im Falle eines Misserfolges kann es den Gesamtprojekterfolg nachhaltig gefährden.

AP09 / AP10 – Betreuung und Evaluation des Pilotprojektes:

Nach dem Start des *Proof of Concepts* sind die Pilotgruppen keinesfalls sich selbst zu überlassen. Durch regelmäßige Termine (oder ggf. in individuellen Sprechstunden) findet eine umfangreiche Betreuung statt. Im Rahmen dieser Betreuung werden gemeinsam Anwendungsfälle für die neue Plattform erarbeitet und die Pilotgruppen bei der Umsetzung dieser durch die Auswahl geeigneter Funktionen unterstützt. Eine Dokumentation der Anwendungsfälle, Probleme und besprochenen Themen ist Grundlage für die spätere Evaluation des Pilotprojektes.

Ergebnis der Evaluation sind konkrete Einsatzszenarien, die auf das gesamte Unternehmen extrapoliert werden können. Außerdem können die aufgetretenen Probleme im Rahmen des Schulungs- und Qualifizierungskonzeptes Berücksichtigung finden und so das erneute Auftreten dieser Probleme verhindert werden.

AP11 – Etablierung eines Botschafter-Programmes:

Getreu dem Motto „manchmal braucht man die helfende Hand vor Ort"[119] empfiehlt es sich, ein sog. Botschafter-Programm zu etablieren. Botschafter für das Thema *Social Software* sollten idealerweise eine hohe IT-Affinität mitbringen und sich für das Thema begeistern lassen, denn ihre Aufgabe ist es, die Mitarbeiter zur Nutzung der neuen Plattform zu animieren. Dies geschieht durch das Aufzeigen und Begleiten von Einsatzszenarien: Anhand konkreter Beispiele im Kontext des Arbeitsalltages eines Mitarbeiters oder einer Organisationseinheit lässt sich der Nutzen der *Social-Software*-Funktionen verdeutlichen und so die Akzeptanz der neuen Plattform steigern.

---

[119] Schütt (2013), S. 139

AP12 – Schulung und Qualifizierung der Mitarbeiter:

Vor dem eigentlichen Betriebsstart ist die Schulung und Qualifizierung der Mitarbeiter sicherzustellen. Hierbei ist grundsätzlich – gerade bei *Social Software* – zwischen zwei Typen von Endanwendern zu unterscheiden:

- *Digital Natives* sind mit *Social-Software* aufgewachsen, wohingegen
- *Digital Immigrants* nicht mit *Social-Software*-Funktionen vertraut sind.[120]

Ein zweistufiges Schulungskonzept kann helfen, alle Mitarbeiter im Unternehmen auf einen relativ homogenen Wissenstand für die Nutzung der neuen Plattform zu bringen, ohne dass ein zu hoher Arbeitszeitverlust (und damit Kosten) verbunden sind:

- In der Basis-Schulung wird ein genereller Überblick zum Thema *Social Software* gegeben. Ziel ist es, die neue Form der Zusammenarbeit zu vermitteln. Außerdem werden die zur Verfügung stehenden Funktionen vorgestellt und anhand einer Test-Plattform der sichere Umgang mit dieser und mit der Benutzeroberfläche im Allgemeinen geschult.
- In der Fortgeschrittenen-Schulung werden die unternehmensspezifischen Rahmenbedingungen behandelt, u. a. auch die Nutzungsrichtlinien. Es werden darüber hinaus beispielhaft Einsatzszenarien aufgezeigt, um die Mitarbeiter selbst erkennen zu lassen, welcher Nutzen durch den Einsatz von *Social Software* im Arbeitsalltag für das gesamte Unternehmen resultieren kann.

Die Basis-Schulung richtet sich primär an die *Digital Immigrants*. Der Besuch dieser Schulung ist optional. Für alle Mitarbeiter verpflichtend ist die Fortgeschrittenen-Schulung. Die Schulungen sollten bis zum Betriebsstart der neuen Plattform durchgeführt sein. Über diesen Zeitpunkt hinaus ist sicherzustellen, dass in regelmäßigen Abständen für neue Mitarbeiter die Möglichkeit besteht, an diesen Schulungen teilzunehmen bzw. für Bestandmitarbeiter diese erneut zu besuchen.

Ergänzend dazu können unterstützende Materialien zur Qualifizierung über diesen Zeitraum hinaus notwendig sein. Dies können z. B. erklärende Kurzvideos, nützliche Hinweise oder ein *Wiki* mit *Frequently Asked Questions* (FAQ) sein.[121]

---

[120] Neef / Schroll / Theis (2009)
[121] Vgl. Schütt (2013), S. 138

AP13 – Betriebsstart der *Social-Software*-Plattform:

Die Freischaltung aller selektierten Mitarbeiter auf die neue *Social-Software*-Plattform ist als Beginn der Betriebsphase zu sehen. Eine Informations-E-Mail an die Mitarbeiter vom Leiter des *Sounding Boards* gibt den offiziellen Startschuss. Ab diesem Zeitpunkt liegt das Augenmerk darauf, die Nutzung der neuen Plattform sicherzustellen.

AP14 – Durchführung der Erfolgskontrolle:

Im Zuge der Projektnachbereitung wird unter Berücksichtigung der Zielsetzungen eine Erfolgskontrolle durchgeführt. Die vorher definierten Messkriterien, z. B. Kennzahlen (vgl. Kapitel 6.3.1 Quantifizierbarkeit des Nutzens), werden ausgewertet. An dieser Stelle kann quantitativ belegt werden, ob die Einführung von *Social Software* als Erfolg oder Misserfolg zu sehen ist.

Der Zeitpunkt für eine erste Erfolgskontrolle sollte frühestens ein Jahr nach Projektstart stattfinden. Darüber hinaus können in regelmäßigen Abständen Folge-Erfolgskontrollen durchgeführt werden, um die positiven Auswirkungen über einen längeren Zeitraum hinweg zu betrachten und so den strategischen Nutzen für das Unternehmen sichtbar werden zu lassen.

AP15 – Planung und Umsetzung von Korrektur- und Folgemaßnahmen:

Als Ergebnis der Erfolgskontrolle(n) ist aber auch denkbar, dass noch nicht alle Ziele vollständig erreicht wurden. Dann sind Korrekturmaßnahmen notwendig. Diese Korrekturmaßnahmen können z. B. Einfluss auf das Schulungs- und Qualifizierungskonzept haben und / oder aber eine Anpassung der Plattform bewirken.

Unabhängig von den Korrekturmaßnahmen sind Folgemaßnahmen denkbar. Im Rahmen solcher Folgemaßnahmen geht es z. B. um die Schulung und Qualifizierung neuer Mitarbeiter und / oder um eine Expansion der Plattform auf weitere Organisationseinheiten.

Der zeitliche Ablauf und der Zusammenhang zwischen den eben einzeln dargestellten Arbeitspaketen verdeutlicht folgender hypothetischer Projektplan:

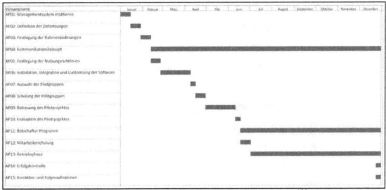

Abbildung 14: Projektplan zur Einführung von *Social Software*[122]

Die dargestellte Projektplanung – bestehend aus 5 Teilprojekten mit insgesamt 15 Arbeitspaketen – ist analog für Unternehmen aller Branchen anwendbar. Eine Allgemeingültigkeit für dieses Einführungskonzept kann allerdings nicht gegeben werden, da auf die unternehmensspezifischen Rahmenbedingungen und Besonderheiten eingegangen werden muss. Gerade im Rahmen des *Proof of Concepts* sollten branchenspezifische Einsatzszenarien erarbeitet, erprobt und evaluiert werden (vgl. Kapitel 6.2.2 Einsatzszenarien in Industrieunternehmen).

6.2.3 Einsatzszenarien in Industrieunternehmen

Die Einsatzszenarien für *Social Software* in Unternehmen sind äußerst vielfältig und über Organisationseinheiten hinweg anwendbar. Schwerpunktmäßig werden im Rahmen dieser Arbeit einige Anwendungsbeispiele für Industrieunternehmen gegeben, die bei Erreichung der aus den Motiven (vgl. Kapitel 6.1 Motive für die Einführung von *Social Software* in Industrieunternehmen) abzuleitenden Ziele hilfreich sind.

Folgende Einsatzszenarien sind insbesondere für Industrieunternehmen relevant:
- Im Rahmen eines Forschungs- und Entwicklungsprojekt zu einer nach Kundenvorgaben zu produzierenden Spezialanfertigung entschließt sich der

---

[122] Eigene Darstellung

Projektleiter dazu, eine *Community* zu gründen, um zum einen Dateien zentral abzulegen, zum anderen aber auch um sich mit seinen Mitarbeitern über Informationen via *Social-Software*-Funktionen auszutauschen. Zugriff auf diese *Community* haben nur die am Projekt Beteiligten. In regelmäßigen Abständen finden Meetings zwischen dem Projektleiter und dem Kunden statt. Es wird der Projektstatus berichtet und über die nächsten Schritte gesprochen. Aufgrund der neuen *Social-Software*-Plattform kann der Projektleiter nun alle Änderungswünsche des Kunden direkt im Anschluss an das Meeting in z. B. ein *Wiki* oder Forum einpflegen. Die Mitarbeiter können sich nun zeitnah informieren, Kommentare hierzu abgeben und sie haben die Möglichkeit, Vorschläge zu unterbreiten, wie die Kundenwünsche umsetzbar sind. Durch Bewertungsfunktionalitäten können die Mitarbeiter untereinander selbst den geeignetsten Vorschlag auswählen, den sie dann dem Projektleiter bei seiner Rückkehr präsentieren. In diesem Beispiel kann nicht nur die Kundenzufriedenheit gesteigert werden, sondern auch die Entwicklungszeit deutlich verkürzt werden. Dies stellt einen Wettbewerbsvorteil zur Konkurrenz dar.

- Gerade große Industrieunternehmen verfügen nicht selten über mehrere Produktions- und Verwaltungsstandorte im In- und Ausland. Die Kommunikation zwischen den verschiedenen Standorten ist nicht immer einfach. Die neue *Social-Software*-Plattform kann durch die Funktionen zur Echtzeitkommunikation (u. a. Chat sowie Audio- und Videokonferenzen) helfen, räumliche, zeitliche und kulturelle Barrieren zu überwinden. Dies steigert die Produktivität und reduziert u. a. auch die Ausgaben für Dienstreisen.
- Durch den Einsatz von *Collaborative Writing* können Außendienstler und Vertriebsinnendienstmitarbeiter gemeinsam an Angeboten arbeiten und so die Zeit für die Angebotserstellung – gerade bei individuellen Kundenanforderungen – reduzieren. Dies erlaubt schnellere Geschäftsabschlüsse, steigert somit die Produktivität und kann sich umsatzsteigernd auswirken.

Die dargestellten Einsatzszenarien zeigen im speziellen den Nutzen für Industrieunternehmen auf. Ergänzend zu den industriespezifischen Beispielen ist der unternehmensweite Nutzen von *Social-Software* (vgl. Kapitel 3 Funktionen und Nutzen von *Social Software*) für Verwaltungstätigkeiten branchenunabhängig zu sehen.

6.3 Evaluation der Praxiserfahrungen

Ausgangspunkt bzw. zentraler Forschungsgegenstand der Evaluation sind die gesammelten Praxiserfahrungen. Ziele dieser Evaluation sind der quantitative Nachweis des unternehmerischen Nutzens sowie die Ausarbeitung von erfolgskritischen Faktoren für die Einführung und Nutzung von *Social Software*.

6.3.1 Quantifizierbarkeit des Nutzens

Die Einführung von *Social Software* ist als strategische Entscheidung auch im Hinblick auf den Einfluss und die Auswirkungen auf die Arbeitsweise der Mitarbeiter zu sehen. Bei vielen Unternehmen ist deshalb im Prozess der Entscheidungsfindung neben dem *Chief Information Officer* (CIO) auch oft der *Chief Executive Officer* (CEO) und der *Chief Financial Officer* (CFO) involviert. Für den CEO und CFO ist nicht der Funktionsumfang, sondern die Wirtschaftlichkeit dieser Maßnahme relevant. Es geht um harte Fakten, „[...] die quantifizierbar und wirklich messbar sind. Nur diese Zahlen zählen für CEO's und CFO's."[123] Eine Wirtschaftlichkeitsbetrachtung muss aufzeigen können, wodurch sich ein *Return on Investment* (ROI) realisieren lässt: Nur konkrete Kennzahlen, sog. *Key Performance Indicators* (KPI's), sind hierfür geeignet, denn nur die sind für die „[...] Zielgruppe der Entscheider [...] wirklich messbar und nachvollziehbar."[124]

Im Rahmen der Analyse der Praxiserfahrungen konnten neben der prognostizierten Produktivitätssteigerung auch drei entscheidende Einsparpotentiale identifiziert werden. Diese Kostenfaktoren werden im Einzelnen erläutert und aufgezeigt, wie diese durch die Wahl geeigneter KPI's quantifizierbar und somit für eine ROI-Rechnung nutzbar gemacht werden können. Anschließend wird auf die unternehmensweite Produktivitätssteigerung näher eingegangen und dargelegt, in welchem Umfang diese bei einer Wirtschaftlichkeitsanalyse Beachtung finden kann.

---

[123] Schneider (2014)
[124] Ebenda

Reduzierung des Anstiegs nutzerbezogener Daten:

Das jährlich ansteigende Datenvolumen nutzerspezifischer Dateien kann durch den Plattform-Gedanken von *Social Software* reduziert werden, denn Dateien und Dokumente werden nicht mehr an eine Vielzahl von Empfängern per E-Mail geschickt, sondern an einem Ort zentral abgelegt.

Durch die Kennzahl Anstieg nutzerbezogener Dateien (jährlich, in Prozent) kann dieser Effekt sichtbar gemacht werden: „Eine Reduktion [...] ist wahrscheinlich."[125]

Lizenzkostenreduzierung:

Social Software kann helfen, die Lizenzkosten langfristig zu reduzieren. Die Standardanwendungen – wie eine Office-Suite und ein E-Mail-Client – sind oft lokal auf jedem Endgerät installiert und machen die Beschaffung und Vorhaltung kostenintensiver Lizenzen notwendig. Durch den Einsatz einer webbasierten Office-Suite und eines webbasierten E-Mail-Clients als Bestandteil einer *Social-Software*-Plattform können diese Kosten deutlich reduziert werden.

Die verbreitetste Office-Suite Microsoft Office bietet den größten Funktionsumfang, ist aber auch mit hohen Lizenzkosten verbunden. Eine webbasierte Office-Suite, wie zum Beispiel Google Docs, hat zwar deutlich weniger Funktionen, aber „[...] 80 % der Benutzer kommen mit dem reduzierten Funktionsumfang aus."[126] Durch die Migration dieser Nutzer auf eine webbasierte Office-Suite entfallen hohe Lizenzkosten.[127] Außerdem wird eine webbasierte Office-Suite monatlich und nutzerabhängig vergütet. Dies steigert die Planungssicherheit und erhöht die Skalierbarkeit in Bezug auf die Nutzerzahl.

Ein ähnliches Vorgehen ist auch auf den E-Mail-Client übertragbar. Der bisher lokal installierte E-Mail-Client wird im Browser als Teil der *Social-Software*-Plattform

---

[125] Schneider (2014)
[126] Ebenda
[127] Vgl. ebenda

webbasiert zur Verfügung gestellt.[128] Dies spart weitere Lizenzkosten, weil „[…] eine Webmail-Lizenz im Normalfall günstiger als eine volle Client-Lizenz […]"[129] ist. Im Vergleich zu der webbasierten Office-Suite ist der webbasierte E-Mail-Client nur mit einem geringen Funktionsverlust verbunden, sodass die Umstellung für die gesamte Belegschaft erfolgen kann. Die Vorteile der Planungssicherheit und Skalierbarkeit gelten analog wie für die webbasierte Office-Suite.

Die Einsparpotentiale lassen sich anhand der Lizenzkosten pro Nutzer (monatlich, in absoluten Zahlen) nachvollziehen.[130] Auch hier ist mit einer Reduzierung zu rechnen.

Zentralisierung der IT-Infrastruktur:

Die beschriebene Umstellung auf eine webbasierte Office-Suite und einen webbasierten E-Mail-Client ist Teil einer Zentralisierung der IT-Infrastruktur zu sehen, denn „[…] es ist durchaus denkbar, nicht nur die E-Mails und Termine, sondern auch die zu bearbeitenden Aufgaben aus einem SAP-System mit zu integrieren."[131] Hierdurch werden alle arbeitsrelevanten Anwendungen in einer Oberfläche im Browser zur Verfügung gestellt. Diese Zentralisierung spart Kosten, denn „[…] die dezentralen *Mail-Server* fallen weg, ebenso die dezentralen *File-Server*."[132] *Social Software* ist also bestens geeignet, um eine Strategie zur Zentralisierung der IT-Infrastruktur zu initiieren. Limitierender Faktor hierbei ist lediglich die Internetverbindung.

Die positiven Auswirkungen der Zentralisierung der IT-Infrastruktur sind durch die Help-Desk-Tickets pro Nutzer (monatlich, in absoluten Zahlen) messbar. Im Allgemeinen sollte die Zahl der Help-Desk-Tickets sinken, denn alleine „[…] eine Migration auf webbasierte Mail-Clients reduziert den Wartungsaufwand enorm."[133]

---

[128] Vgl. Schneider (2014)
[129] Ebenda
[130] Vgl. ebenda
[131] Ebenda
[132] Ebenda
[133] Vgl. ebenda

Produktivitätssteigerung:

Neben den beschriebenen Einsparpotentialen, die sich kostenseitig durch eine Reduktion der Ausgaben äußern, hat vor allen Dingen die Produktivitätssteigerung den größten Einfluss auf eine positive ROI-Rechnung.

Die Produktivitätssteigerung resultiert aus verschiedenen Nutzendimensionen, u. a. einem verbesserten Wissensmanagement, der besseren Verfügbarkeit von Informationen sowie der effizienteren Kommunikation. Es gibt viele weitere Beispiele (vgl. Kapitel 3.3 Nutzen von *Social Software* für Unternehmen), aber allein diese drei Aspekte verdeutlichen die Problematik der Quantifizierbarkeit in diesem Zusammenhang: Es gibt „[...] weiche Kennzahlen, die nur schwer messbar sind"[134] – so halt auch die Steigerung der Produktivität.

Um diesen entscheidenden Faktor allerdings bei einer Wirtschaftlichkeitsanalyse mit zu berücksichtigen, wird versucht, sich über eine Pauschalangabe zu nähern: „Es gibt Studien, die sprechen von 10 bis 20 % Produktivitätssteigerung."[135] Eher konservative und pessimistischere Schätzungen gehen von lediglich 1 % pauschaler Produktivitätssteigerung aus.[136]

Festzuhalten bleibt, dass sich der Nutzen für Unternehmen durch die Einführung und die Nutzung von *Social Software* anhand folgender Kennzahlen quantifizieren lässt:

- pauschale Produktivitätssteigerung,
- Anstieg nutzerbezogener Daten,
- Lizenzkosten pro Nutzer und
- Help-Desk-Tickets pro Nutzer.

---

[134] Schneider (2014)
[135] Ebenda
[136] Vgl. ebenda

6.3.2 Herausforderungen bei der Einführung

Im theoretischen Idealfall lassen sich vermutlich alle beschriebenen Nutzendimensionen in vollem Umfang realisieren. In der Praxis hingegen existieren einige Herausforderungen, die bereits bei der Einführung, aber auch während der späteren Betriebsphase der *Social-Software*-Plattform die Nutzenrealisation dauerhaft gefährden können. Folgende Übersicht erhebt keinen Anspruch auf Vollständigkeit, zeigt aber, wie weitreichend die Auswirkungen dieser Herausforderungen sein können.

Aus organisatorischer Sicht gefährden folgende Probleme das Einführungsprojekt:

- Ein zu starkes Konkurrenzdenken in der Belegschaft kann problematisch sein, weil dies den teamorientierten und freiwilligen Austausch von Wissen erheblich hemmt – dies ist aber Voraussetzung für den Erfolg des Projektes.

- Außerdem kann die Angst der Mitarbeiter, falsches oder für die Zielgruppe uninteressantes Wissen zu veröffentlichen, den Projekterfolg gefährden. Im Optimalfall muss die Unternehmenskultur es zulassen, dass Fehler erlaubt sind, denn eine funktionierende *Social-Software*-Plattform hat selbstregulatorische Kräfte durch die konstruktive Kritik der anderen Nutzer.

- Weiterhin kann die fehlende Erfahrung im Umgang mit *Social Software* eine Herausforderung darstellen. Den Mitarbeitern ist nicht bewusst, wofür sie welche Funktionen einsetzen sollen und wie diese überhaupt funktionieren.

Technisch betrachtet sind zwei Risiken bei der Einführung mit zu berücksichtigen:

- Eine schlecht bedienbare Benutzeroberfläche kann zu einer hohen Frustrationsrate bei den Mitarbeitern führen und letztlich die völlige Abkehr von der *Social-Software*-Plattform bedeuten. Eine benutzerfreundliche Oberfläche hingegen führt zu einer höheren Akzeptanz der neuen Plattform und steigert die Partizipationsbereitschaft der Mitarbeiter.

- Die mangelnde Interaktionsfähigkeit der Lösung zur bestehenden IT-Infrastruktur kann den Plattform-Gedanken gefährden. Mitentscheidend für den Projekterfolg ist, ob sich bestehende geschäftskritische Anwendungen wie z. B. E-Mail, Office oder SAP mit integrieren lassen. Die Konnektivität zu anderen Unternehmensanwendungen ist als Teil der Zentralisierung der IT zu sehen.

6.4 Erfolgsfaktoren für *Social Software*

Ausgehend von den beschriebenen Herausforderungen lassen sich generische und zum Teil industriespezifische Erfolgsfaktoren ableiten, die bei der Einführung und Nutzung von *Social Software* die organisatorischen und technischen Probleme berücksichtigen:

- Durch die Unterstützung des Managements (vgl. *Top-Down*-Ansatz) wird die Bedeutung von *Social Software* als Teil der unternehmensweiten Transformation zum Social Business unterstrichen und die Aufmerksamkeit der Mitarbeiter für dieses Thema erhöht.

- Außerdem stellt die Auswahl einer benutzerfreundlichen *Social Software* sicher, dass die Akzeptanz der Belegschaft für die *Social-Software*-Plattform nicht aufgrund einer suboptimalen Benutzeroberfläche verloren geht.

- Bei der Wahl des richtigen Lösungsanbieters ist darauf zu achten, dass dieser fähig ist, die neue Software in die bestehende IT-Infrastruktur und bestehende Anwendungen mit in die Plattform zu integrieren.

- Eine personalisierte Startseite sollte alle wichtigen Informationen für jeden Mitarbeiter zusammentragen. Langfristig betrachtet ist hiermit auch die Ablösung des Intranets und der bestehenden Insellösungen verbunden.

- Die Zielgruppenorientierung der Schulungs- und Qualifizierungsmaßnahmen hilft dabei, alle Mitarbeiter im Unternehmen angemessen vorzubereiten und zu begleiten. Schwerpunktmäßig sollten besonders die Voraussetzungen der *Digital Immigrants* Berücksichtigung finden.

- Das eigenständige Erarbeiten von Einsatzszenarien (vgl. *Bottom-Up*-Ansatz) sollte durch das Etablieren eines Botschafter-Programmes unterstützt werden. Dies stellt sicher, dass die Anwendungsfälle durch den Einsatz sinnvoller *Social-Software*-Funktionen bestmöglich realisiert werden.

- Als Kern der neuen Unternehmenskultur sind ein offener Umgang mit anderen und das Zulassen von Meinungsäußerungen wichtig. Die Mitarbeiter müssen bereit sein, ihr Wissen und ihre Erfahrungen mit anderen zu teilen.

- Durch das Verbreiten von positiven Nutzererfahrungen, z. B. Prozessverbesserungen oder Kosteneinsparungen, können Ausstrahlungs- und Synergieeffekte genutzt werden.

7 Schlussbetrachtung

In dieser Arbeit wurde neben der notwendigen terminologischen Grundlage für das Themengebiet Social Business eine umfassende Einführung in die Thematik der *Social Software* gegeben. Nicht nur der Funktionsumfang und der damit verbundene potentielle Nutzen für Unternehmen standen im Vordergrund, sondern auch die bedeutendsten Lösungsanbieter wurden vorgestellt und vergleichend analysiert.

Vor dem Hintergrund der Akzentuierung auf die Einführung und Nutzung von *Social Software* in und für Industrieunternehmen wurden die Motive dargestellt, die für den Schritt zum Social Business sprechen. Kritisch anzumerken bleibt, dass die Schwerpunktsetzung suggerierte, ein speziell auf Industrieunternehmen zugeschnittenes Einführungskonzept vorzustellen. Da es sich in der Praxis allerdings als äußerst schwierig herausstellte, die Einführung bei Industrieunternehmen gegenüber der bei Unternehmen anderer Branchen abzugrenzen, wurde ein generisches Einführungskonzept erarbeitet, welches auf Unternehmen unterschiedlicher Größe und branchenunabhängig übertragbar und anpassbar ist. Dem Thema wiederum entsprechend wurden industriespezifische Einsatzszenarien vorgestellt.

Eine abschließende Evaluation zeigte Probleme und Herausforderungen in der Praxis auf. Die abgeleiteten erfolgskritischer Faktoren dienen als Handlungsempfehlungen für zukünftige *Social-Software*-Einführungsprojekte auf dem Weg zum Social Business.

Die Entwicklung hin zum Social Business wird besonders durch die technologischen Trends *Mobile Workplace, Bring Your Own Device* und *the Internet of Everything* (vgl. Kapitel 2.2.1 *Computer Supported Cooperative Work*) begleitet und in Zukunft immer mehr Bedeutung gewinnen. In diesem Zusammenhang sollten erfolgreiche Industrieunternehmen die Chance nutzen, ihre Innovationsfähigkeit durch Pionierarbeit beim Einsatz von *Social Software* in Unternehmen unter Beweis zu stellen und den ersten Schritt hin zum Social Business zu gehen. Hierdurch lassen sich entscheidende Wettbewerbsvorteile generieren.

8 Literaturverzeichnis

Alpar, Paul / **Blaschke**, Steffen: Web 2.0 – Eine empirische Bestandsaufnahme
Wiesbaden, 2008

Baumann, Matthias: Einsatz von *Social Software* in Unternehmen
Dresden, 2009

BITKOM: Einsatz und Potentiale von Social Business für ITK-Unternehmen
Berlin, 2013

Bornschein-Grass, Carin: *Groupware* und computergestützte Zusammenarbeit
Wiesbaden, 1995

Ebersbach, Anja / **Glaser**, Markus / **Heigl**, Richard / **Warta**, Alexander: *Wiki –
Kooperation im Web*
Heidelberg, 2008

Fersko-Weiss, Henry / **Opper**, Susanne: *Technology for Teams: Enhancing
Productivity in Networked Organizations*
New York (USA), 1992

Gartner Inc.: *Magic Quadrant for Social Software in the Workplace*
Stamford (USA), 2013

Gross, Tom / **Koch**, Michael: *Computer-Supported Cooperative Work*
München, 2007

Gubler, Patrick: *Groupware* – Definition und Einsatz in der Praxis
Basel (Schweiz), 2003

Hasenkampf, Ulrich / **Kirn**, Stefan / **Syring**, Michael: CSCW – *Computer Supported Cooperative Work*

Bonn, 1994

Janssen, Heike / **Plass**, Christoph / **Rehmann**, Josef / **Wibbing**, Philipp / **Zimmermann**, Andreas: Chefsache IT – Wie Sie *Cloud Computing* und *Social Media* zum Treiber Ihres Geschäfts machen

Heidelberg, 2013

Krcmar, Helmut / **Lewe**, Henrik: *Groupware*

Hohenheim, 1991

Laudon, Jane / **Laudon**, Kenneth / **Schoder**, Detlef: Wirtschaftsinformatik – eine Einführung

München, 2010

Manouchehri Far, Shakib: *Social Software* in Unternehmen – Nutzenpotentiale und Adoption in der innerbetrieblichen Zusammenarbeit

Köln, 2010

Jäckel, Michael / **Stegbauer**, Christian: *Social Software* – Formen der Kooperation in computerbasierten Netzwerken

Wiesbaden, 2008

Rüdebusch, Tom: CSCW – Generische Unterstützung von Teamarbeit in verteilten DV-Systemen

Wiesbaden, 1993

Schmidt, Jan: *Social Software*: Onlinegestütztes Informations-, Identitäts- und Beziehungsmanagement

Berlin, 2006

Schütt, Peter: Der Weg zum Social Business – Mit *Social Media* Methoden erfolgreich werden

Heidelberg, 2013

Töpfer, Armin: Interaktives Internet – Konzeption und Chancen von Web 2.0

Dresden, 2008

Yunus, Muhammed: *Creating a World Without Poverty*

New York (USA), 2007

9 Internetverzeichnis

ARD / ZDF: Onlinestudie 2013
abgerufen am 30.06.2014
http://www.ard-zdf-onlinestudie.de/

Dobe, Bettina / **Moser**, Samuel: Software richtig einführen
abgerufen am 30.06.2014
http://www.cio.de/projektmanagement/machen/2918416/

Dreyßig, Alexander: Google Docs & Co im Test
abgerufen am 30.06.2014
http://www.computerwoche.de/a/google-docs-und-co-im-test,1912200

Ethority: *Conversations in Social Media - Version 5.0*
abgerufen am 30.06.2014
http://www.ethority.de/weblog/social-media-prisma/

Experton Group AG: Social Business *Vendor Benchmark* 2014: Social Business Anbieter im Vergleich
abgerufen am 30.06.2014
www.ibm.com/software/de/socialbusiness/Experton_Social-Business_Leader-Report_IBM_050314_Delivery_deutsch.pdf

Gartner Inc.: *Gartner Identifies the Top 10 Strategic Technology Trends for 2014*
abgerufen am 30.06.2014
http://www.gartner.com/newsroom/id/2603623#!

Hengst, Oliver: Betriebe umgarnen Bewerber
abgerufen am 30.06.2014
http://www.wn.de/Muensterland/Kreis-Steinfurt/Greven/1583063-Fachkraeftemangel-Betriebe-umgarnen-Bewerber

Hockling, Sabine: Hilfe, uns laufen die Leute davon

abgerufen am 30.06.2014

http://www.zeit.de/karriere/beruf/2012-08/chefsache-mitarbeiterwechsel

Kongress Media GmbH: Social Business Arena

abgerufen am 30.06.2014

http://www.cebitsocialbusiness.de/startseite.html

Kurzlechner, Werner: Social Software: IBM, Microsoft und Jive im Vergleich

abgerufen am 30.06.2014

http://www.cio.de/strategien/analysen/2298192/index4.html

McAfee, Andrew / **Weiss**, Harald: Durchbruch bei Social Business

abgerufen am 30.06.2014

http://www.ingenieur.de/Arbeit-Beruf/Management/2013-Durchbruch-Social-Business

Neef, Andreas / **Schroll**, Willi / **Theis**, Björn: Die Revolution der Web-Eingeborenen

abgerufen am 30.06.2014

http://www.manager-magazin.de/unternehmen/it/a-625126.html

Richter, Alexander / **Stocker**, Alexander: Exploration & Promotion: Einführungsstrategien von *Corporate Social Software*

abgerufen am 30.06.2014

http://www.kooperationssysteme.de/docs/pubs/RichterStocker2011-WI2011_ExplorationvsPromotion.pdf

Schultz, Stefan: Fernost-Konkurrenz: Deutsche Exporteure verlieren rasch Marktanteile an China

abgerufen am 30.06.2014

http://www.spiegel.de/wirtschaft/unternehmen/deutsche-exporteure-verlieren-rasch-marktanteile-an-china-a-904134.html

Simon, Hermann: Die Erfolgsstory der Hidden Champions geht weiter

Abgerufen am 30.06.2014

http://www.handelsblatt.com/unternehmen/mittelstand/hidden_champions/gastb

eitrag-hermann-simon-die-erfolgsstory-der-hidden-champions-geht-

weiter/9940450.html

Soyter, Thomas: Bachelorarbeit zum Thema „Kollaboratives Zeichnen"

abgerufen am 30.06.2014

http://bachelorarbeit-hdm.thomas-soyter.de/kollaboratives-zeichnen/

Spiegel: Soziales Netzwerk: Facebook zählt eine Milliarde Mitglieder

abgerufen am 30.06.2014

http://www.spiegel.de/netzwelt/web/facebook-zaehlt-eine-milliarde-mitglieder-

a-859510.html

Statistisches Bundesamt: Bevölkerungspyramide

abgerufen am 30.06.2014

https://www.destatis.de/bevoelkerungspyramide/

wikipedia.org: *Groupware*

abgerufen am 30.06.2014

http://de.wikipedia.org/wiki/Groupware

Wyllie, Diego: Social-Enterprise-Tools

abgerufen am 30.06.2014

http://t3n.de/magazin/kommunikation-kollaboration-post-pc-aera-235199/

10 Anhang

Wortprotokoll eines Interviews mit

Daniel Schneider (D. S.)

Chief Architect bei IBM Deutschland

und Jonas Striewski (J. S.)

vom 02.06.2014

J. S.:   Hallo Daniel, danke, dass Du Dir Zeit für dieses Interview nimmst. Im Rahmen meiner Bachelor-Thesis beschäftige ich mich mit dem Thema *Social Software*, insbesondere mit dem Einsatz und der Einführung solcher Software bei Industrieunternehmen. Gerade vor dem Hintergrund der demografischen Entwicklung werden in den nächsten Jahren viele ältere Angestellte in Ruhestand gehen. Hiermit ist ein enormer Wissensverlust verbunden, den es zu verhindern gilt. Wie kann *Social Software* diesen Wissensverlust verhindern?

D. S.:   Das Stichwort in diesem Zusammenhang ist *Knowledge Management*. Viele Unternehmen haben hier eine Schwachstelle. Der Altersdurchschnitt bei Industrieunternehmen ist teilweise extrem hoch. Unternehmen stehen vor dem Problem, das Wissen weiterzugeben und zu erhalten. Hierfür muss ein Tool geschaffen werden, indem Wissen abgelegt werden kann. Viele Informationen liegen zurzeit in lokalen Dateien auf den Festplatten der Mitarbeiter, in Mail-*Files* auf Servern oder in Papierform auf dem Schreibtisch. Somit sind die Informationen nur für den Benutzer selbst zugänglich. Mit *Social-Software-*Funktionalitäten können diese Informationen für eine breitere Masse verfügbar gemacht werden und bleiben dem Unternehmen auch nach dem Ausscheiden des jeweiligen Mitarbeiters erhalten.

J. S.: Neben der demografischen Entwicklung stehen deutsche Industrieunternehmen zunehmend in globaler Konkurrenz zu Unternehmen aus Fernost. Personalabbau, um kurzfristig Kosten zu senken, kann keine dauerhafte Strategie sein – auch vor dem Hintergrund der sozialen Verantwortung. Prozessverbesserungen können aber entscheidende Wettbewerbsvorteile schaffen. Welchen Zusammenhang siehst du zu *Social Software*?

D. S.: Im Prinzip geht es bei *Social Software* um effektives Zusammenarbeiten. Mitarbeiter müssen lernen, anders zu arbeiten – die Arbeitsweise muss effektiver gestaltet werden. *Social Software* ist ganz klar als Akzelerator des verteilten Arbeitens zu sehen. An Projekten kann so effektiver orts- und zeitunabhängig gearbeitet werden. Dies schafft Wettbewerbsvorteile. Eine allgemeine Prozessverbesserung ist ebenfalls realistisch, allerding nur schwer messbar.

J. S.: Gibt es aus Deiner Sicht neben den bereits genannten Argumenten für die Einführung von *Social Software* weitere Gründe, die für die Einführung solcher Software sprechen?

D. S.: Ja, die Generation Y wächst mit *Social Media* auf und erwartet, dass Unternehmen eben diese Funktionen auch im beruflichen Umfeld einsetzen, von jungen Arbeitnehmern wird es geradezu gefordert. Bereits in der Personalakquise sollten *Social-Media*-Plattformen genutzt werden, um junge Leute für sich zu gewinnen. *Social Software* eignet sich eben nicht nur zur internen, sondern auch zur externen Kommunikation.

J. S.: Nachdem wir kurz auf die Motive für die Einführung von *Social Software* eingegangen sind, lass uns über den Nutzen und die Quantifizierbarkeit des Nutzens sprechen. Aus meiner Sicht lässt sich beispielsweise durch eine zentrale Dateiablage innerhalb einer *Social-Software*-Plattform der Speicherplatz reduzieren. Sehe ich das richtig?

D. S.: Eine Reduktion des Datenspeicheraufkommens ist wahrscheinlich. Die Erfahrung hat gezeigt, dass zwischen 20 und 30 % Speicherplatz eingespart werden kann. Die Messung macht aber erst nach einiger Zeit Sinn, beispielsweise nach 2 Jahren. Erst dann kann der Effekt als nachhaltig bezeichnet werden und realisiert somit eine dauerhafte Einsparung.

J. S.: Einige *Social-Software*-Plattformen ermöglichen ebenfalls eine webbasierte Textbearbeitung und Tabellenkalkulation sowie das Erstellen von Präsentationen. Im Gegensatz zu der Microsoft Office-Suite ist der Funktionsumfang allerdings kleiner. Kennst Du Szenarien, bei denen durch eine webbasierte Office-Suite Kostenersparnisse realisiert wurden?

D. S.: Ja, beispielsweise durch den Einsatz von IBM Docs können Microsoft Office-Lizenzen abgeschafft werden. Eine webbasierte Office-Suite wird monatlich vergütet und ist deutlich günstiger. Nach meiner Erfahrung kommen 80 % der Benutzer mit dem reduzierten Funktionsumfang aus. Ich selbst betreue ein Kundenprojekt, bei dem am Anfang erst 200 User migriert wurden. Inzwischen sind es deutlich mehr. Das angestrebte Ziel sind 4.500 Nutzer, die dann keine weitere Office-Lizenz benötigen. Das gleiche gilt bei dem Wegfall von Client-Lizenzen für das Mail-Programm.

J. S.: Meinst du damit, dass im Zuge eines *Social-Software*-Projektes ein bestehender E-Mail-Client abgeschafft und durch einen webbasierten Client ersetzt werden kann?

D. S.: Genau das meine ich und macht auch Sinn. So hat der Nutzer alles auf einer Oberfläche im Browser vereint. Außerdem ist eine Webmail-Lizenz im Normalfall günstiger als eine volle Client-Lizenz, dies spart weiter Lizenzkosten ein.

J. S.: Lassen sich neben der beschriebenen Integration der Mail-Funktion auch weitere Einzelapplikationen in die neue Plattform integrieren?

D. S.: Es ist durchaus denkbar, nicht nur die E-Mails und Termine, sondern auch die zu bearbeitenden Aufgaben aus einem SAP-System mit zu integrieren. Außerdem können die Informationen aus *Blogs*, *Wikis* und *Communities* auf der Startseite präsentiert werden. So weiß jeder einzelne Mitarbeiter, in welchen Prozessen er involviert ist oder welchen Status seine Projekte haben, an denen er gerade arbeitet.

J. S.: Lassen sich hierdurch Kosteneinsparungen realisieren?

D. S.: Eine Zentralisierung der IT-Infrastruktur spart Kosten. Die dezentralen Mail-Server fallen weg, ebenso die dezentralen *File*-Server. Mit *Social Software* kann man die IT-Infrastruktur gut zentralisieren. Limitierender Faktor ist allerdings die Internetbandbreite.

J. S.: Versuchen wir mal ein konkretes Anwendungsbeispiel für *Social Software* zu betrachten: Ein *Wiki* der IT-Abteilung mit Lösungen zu den häufigsten Problemen der Endanwender. Ist dies ein valider Ansatz, um die Anzahl der Tickets zu reduzieren?

D. S.: Wenn der Mail-Client wegfällt, reduziert sich automatisch auch die Ticket-Anzahl, denn eine Migration auf webbasierte Mail-Clients reduziert den Wartungsaufwand enorm. *Thin Clints* sind ebenfalls denkbar, um Kosten zu senken. Hier ist aber immer auf eine konstante und ausreichende Internetverbindung zu achten. Das von Dir beschriebene Anwendungsszenario kann darüber hinaus selbstverständlich auch eine weitere Reduzierung von Tickets möglich machen.

J. S.: Neben den besprochen Einsparpotentialen ist der größte wirtschaftliche Nutzen aber sicherlich in der Produktivitätssteigerung der Mitarbeiter zu sehen. Wie äußert sich dieser Nutzen konkret im Arbeitsalltag der Mitarbeiter?

D. S.: Der Einsatz von *Social Software* reduziert zum einen das Suchen nach benötigten Informationen. Zum anderen erlauben die modernen Plattformen den Einsatz von mobilen Endgeräten und somit auch das mobile Arbeiten. Heutzutage können Mitarbeiter selbst während ihrer Reiseaktivitäten produktiv arbeiten.

J. S.: Die von Dir beschriebene Produktivitätssteigerung scheint für mich allerdings nur schwer messbar zu sein. Gibt es Ansätze, diesen Nutzen zu quantifizieren?

D. S.: Mein generelles persönliches Feedback ist, dass das Arbeiten auf jeden Fall effektiver wird. Es gibt Studien, die sprechen von 10 bis 20 % Produktivitätssteigerung. Für eine eher konservative bzw. pessimistische Rechnung würde ich von 1 % ausgehen. Allein schon aufgrund der Tatsache, dass Dateien schneller gefunden und Informationen im richtigen Kontext zeitnah zur Verfügung stehen.

J. S.: Lass uns bei dem Thema Quantifizierbarkeit des Nutzens einmal bleiben. Wie schätzt Du eine vollständige Belegung des Nutzens mit Zahlen ein?

D. S.: Es gibt harte Fakten, die quantifizierbar und wirklich messbar sind. Nur diese Zahlen zählen für CEO's und CFO's, wenn es um einen Business Case geht. Für diese Zielgruppe der Entscheider müssen die KPI's wirklich messbar und nachvollziehbar sein. Darüber hinaus gibt es auch noch weiche Kennzahlen, die nur schwer messbar sind.

J. S.: Welche Beispiele kennst Du für harte Kennzahlen?

D. S.: Da wären zum einen die Anzahl der Tickets pro User. Dies wird in absoluten Zahlen gemessen und sollte sich nach Zentralisierung der IT und der Einführung eines *Wikis* für Endanwender-Probleme deutlich reduzieren. Außerdem ist der jährliche Anstieg des Datenvolumens pro Benutzer in Prozent messbar. Generell steigt das Datenvolumen von Jahr zu Jahr. Aber die Progression müsste sich nach Einführung von *Social Software* verringern.

J. S.: Wäre nicht auch das Gesamtdatenvolumen des Unternehmens eine valide Messgröße?

D. S.: Ja, dies ist auch durchaus messbar. Allerdings halte ich eine nutzerweise Betrachtung für den besseren Ansatz, weil durch *Social Software* ja lediglich das nutzerspezifische Datenvolumen reduziert wird und nicht das des kompletten Unternehmens. Außerdem unterliegt das Gesamtdatenvolumen von Unternehmen den Schwankungen der Mitarbeiterfluktuation. Eine weitere nutzerbezogene Kennzahl wären die Lizenzkosten pro User in absoluten Zahlen. Durch den Wegfall von Client-Lizenzen und Office-Lizenzen reduziert sich diese Zahl auch deutlich.

J. S.: Aus meiner Sicht ist die Prozessdurchlaufzeit ebenfalls eine messbare Kennzahl. Wie siehst Du das?

D. S.: An sich hast Du Recht, allerdings ist es in der Praxis schwierig, dies zu messen. Du müsstest vor und nach der Einführung mit einer Stoppuhr hinter den Mitarbeitern stehen, um eine valide Aussage zu treffen. Dies wird kein Betriebsrat der Welt dulden.

J. S.: Ok. Die Betrachtung von Möglichkeiten, mit Kennzahlen den Nutzen zu belegen, war äußerst hilfreich. Auf der anderen Seite stehen demgegenüber die Kosten. Mit welchen Kosten ist ganz allgemein zu rechnen?

D. S.: Neben den Kosten für die technische Einführung gibt es oft ein Beratungsprojekt, das bei der organisatorischen Einführung unterstützt. Diese Beratungsprojekte entscheiden oft über den Erfolg eines solchen Projektes. Meine Erfahrung zeigt, dass eine Einführung ohne eine Beratung bezüglich des organisatorischen Einführungskonzeptes nicht zielführend ist. Diese Kosten sind oft höher als die für die rein technische Implementierung. Auf monatlicher Basis wird dann zusätzlich die Nutzungsgebühr abgerechnet.

J. S.: Kannst Du eine grundsätzliche Aussage treffen, nach welchem Zeitraum sich die Einführung von *Social Software* rechnet?

D. S.: Meine Erfahrung zeigt, dass sich *Social-Software*-Projekte oft schon nach einem Jahr amortisieren. Oft reicht als Grundlage für eine Wirtschaftlichkeitsbetrachtung die Produktivitätssteigerung als Kriterium aus, um kurz- bis maximal mittelfristig einen Return On Investment (ROI) zu erzielen.

J. S.: Vielen Dank für das informative Gespräch.

D. S.: Gern geschehen, Jonas.